Winfried Schröder

Atheismus

Fünf Einwände und eine Frage

Meiner

Bibliographische Information der Deutschen Nationalbibliothek

Die Deutsche Nationalbibliothek verzeichnet diese Publikation in der Deutschen Nationalbibliographie; detaillierte bibliographische Daten sind im Internet über ‹http://portal.dnb.de› abrufbar.

ISBN 978-3-7873-4509-0
ISBN eBook 978-3-7873-4510-6

2., durchgesehene und aktualisierte Auflage 2023

 Satz: Jens-Sören Mann. Druck und Bindung: Stückle, Ettenheim. Gedruckt auf alterungsbeständigem Werkdruckpapier, hergestellt aus 100% chlorfrei gebleichtem Zellstoff. Printed in Germany. *www.meiner.de*

INHALT

VORWORT ZUR ZWEITEN AUFLAGE

Seit der ersten Auflage dieser Abhandlung ist eine Reihe wichtiger Publikationen erschienen, die in die Anmerkungen und die Bibliographie eingearbeitet wurden. Der Haupttext wurde inhaltlich nicht verändert. Auf eine Diskussion der unten aufgeführten Rezensionen und Kritiken habe ich verzichtet. Besonders hinweisen möchte ich jedoch auf die kritischen und weiterführenden Überlegungen von Robert Schnepf in seinem genannten Beitrag.

L. Kreimendahl, in: *Zeitschrift für philosophische Forschung* 75 (2021) 614–619.

H.-M. Barth, in: *Zeitschrift für Religion und Weltanschauung* (3/2022).

R. Lüthe, in: *Philosophischer Literaturanzeiger* 75 (2022) 273–277.

J. Elberskirch, in: *Theologische Revue* 118 (Februar 2022)

A. Pfahl-Traughber, in: *Aufklärung und Kritik* (2021) 249f.

H. von Sass, in: *Theologische Literaturzeitung* 146 (2021) 1242–1244.

M. Küpper, in: *Aufhebung* 6 (2021) 89–92.

K. D'huyvetters, in: *humanistisch verbond* (23.3.2022).

J. Drescher, in: *Eulenfisch* (2021) H.2, 60f.

U. Buhlmann, in: *Die Tagespost* (2.2.2022).

M. Mindach: Schröders Atheismus, in: *Aufklärung und Kritik* (2022) H.2, 113–126

R. Schnepf: »Du musst nur die Laufrichtung ändern«. Bemerkungen anlässlich Winfried Schröders ›Atheismus. Fünf Einwände und eine Frage‹, in: *Methodus* 10 (2021) 110–145.

EINLEITUNG

THEISMUS, RATIONALE THEOLOGIE, ATHEISMUS

1 Vor bald zweieinhalbtausend Jahren hat Platon – in Abgrenzung von der mythischen Vorstellung von Göttern, die als übermenschliche Wesen den Kosmos bewohnen – im 10. Buch der *Nomoi* die erste Skizze einer nicht auf Glaube und Tradition, sondern auf Argumente gestützten philosophischen Theorie entworfen, die wir heute ›Theismus‹ nennen. Sie besagt, dass es eine transzendente göttliche »Ursache von allem« gibt, die die Prozesse im Kosmos lenkt (896a ff.). Seither stehen verschiedene Varianten eines monotheistischen Gottesbegriffs[1] auf der Tagesordnung der Philosophie. Daran hat sich bis heute nichts geändert. Die gegenüber Platons Skizze erweiterte Gestalt des Theismus – der sogenannte ›Standardtheismus‹ – ist Gegenstand von Debatten, die mit ungeminderter Intensität geführt werden: Lässt sich die Annahme begründen, dass es einen Gott – eine transzendente Person, die allmächtig, allgütig, allwissend und der Schöpfer und Lenker des Universums ist – gibt? Dass diese Debatten nach wie vor in der Philosophie geführt werden, ist keineswegs selbstverständlich; man denke an das neopositivistische Verdikt gegen jede Form von Metaphysik, dem zufolge *alle* Aussagen über Gott – affirmative wie negative – sinnlos sind.[2] Aber dem wird seit langem kaum mehr Beachtung geschenkt. Nicht wenige Atheisten halten zentrale doktrinale Elemente des Theismus keineswegs für sinnlos, sondern für grundsätzlich wahrheitsfähig, wenngleich sie sie als falsch zurückweisen.

Die Stichworte ›Gott‹ und ›Religion‹ lassen an eine Reihe von gegenwärtig intensiv diskutierten Fragestellungen und Theorien denken: Fragen im Schnittfeld von Religionsphilosophie und Sozialwissenschaften sowie Politikwissenschaft, etwa zur gemeinschaftsstiftenden Funktion religiöser Praxis und kirchlicher Institutionen (vgl. Crane: *Die Bedeutung des Glaubens*) und zum Zusammenhang von Religion und Gewalt (vgl. Assmann: *Die mosaische Unterschei-*

dung); im engeren Sinne religionsphilosophische Fragen, die die Epistemologie des religiösen Glaubens und seine psychologische Dimension sowie göttliche Offenbarungen in heiligen Schriften betreffen; die Frage nach der Möglichkeit und dem Sinn einer »Religion ohne Gott« (Dworkin) oder einer »Spiritualität ohne Gott« (Comte-Sponville); und schließlich theologische, auf die Autorität von Offenbarungen gestützte und diese auslegende sowie systematisierende Theorien. Diese Themen liegen außerhalb des hier gewählten Rahmens und werden allenfalls am Rande (letzteres etwa im Schlusskapitel) angesprochen. Es wird vielmehr um die Debatten über die *metaphysische* These gehen, dass ein allmächtiger und allgütiger göttlicher Welturheber existiert.

Eine Darstellung, Vertiefung oder Erweiterung des Arsenals von Argumenten gegen den Theismus wird im Folgenden nicht geboten. Das leisten mehrere Bücher, insbesondere von Mackie, Martin, Hoerster und Beckermann, deren Ausführungen hier nicht wiederholt und diskutiert werden sollen. In den einschlägigen Debatten trifft man jedoch eine Reihe von Einwänden *gegen den Atheismus* an, die eine nähere Auseinandersetzung verlangen (im Einzelnen unten Abschnitt 5). Um sie geht es in diesem Buch.

2 Die philosophische Disziplin, die mit der Frage nach der Existenz Gottes befasst ist, trug und trägt mehrere Namen. Am verbreitetsten sind ›philosophische Theologie‹, ›natürliche Theologie‹ und ›Rationaltheologie‹/›rationale Theologie‹. Wenn im Folgenden der Terminus ›rationale Theologie‹ bevorzugt wird, ist damit keine Positionierung in der Sache angezeigt. Denn im Kern sind diese Bezeichnungen gleichbedeutend. In allen Fällen ist das Vorhaben gemeint, mit ›bloßer Vernunft‹, also ohne jeden Rekurs auf religiöse Offenbarung, wahre und begründete Aussagen über Gott, seine Existenz und seine Eigenschaften zu treffen. Dieser Begriffsgebrauch hält sich von der mittelalterlichen, aber schon in der Antike vorbereiteten *theologia naturalis* bis zur Gegenwart durch (vgl. Schröder: *Religion, natürliche*). In der klassischen Disziplineneinteilung der Philosophie ist die rationale Theologie eine Sektion der ›speziellen Metaphysik‹, also eine der drei ›Bereichsmetaphysiken‹ neben der ›rationalen Psychologie‹ und der ›rationalen Kosmologie‹. Wie Metaphysik überhaupt, hat die rationale

Theologie nichts mit *Glauben* zu tun, sondern zielt auf *Wissen* über ihren Gegenstand. Auch heute fragt sie danach, welche Aussagen über die Existenz und die Eigenschaften Gottes sich als wahr oder wahrscheinlich ausweisen lassen. Wenn wir die ›rationale Theologie‹ durch diese *Fragen* definieren, sind ihr auch atheistische oder agnostische Theorien zuzurechnen.

Wichtig für die folgenden Überlegungen ist das Verhältnis, in dem die rationale Theologie zu den im eigentlichen Sinne religiösen Lehren steht, die nicht aus bloßer Vernunft gewonnen, sondern durch Offenbarungstexte göttlichen Ursprungs bekannt gemacht und beglaubigt worden sind. Die klassische, auch gegenwärtig zumeist als angemessen betrachtete Verhältnisbestimmung sieht die Aufgabe der rationalen Theologie darin, die Grundlagen der geoffenbarten Glaubenswahrheiten mit philosophischen Argumenten zu sichern und zu verteidigen. Der Glaube an eine göttliche Offenbarung setzt ja voraus, dass es Gott, ihren Urheber, gibt. Thomas von Aquin bezeichnet in diesem Sinne die Aussagen der rationalen Theologie (der *theologia naturalis*) als »praeambula fidei«, also als rational gesicherte Annahmen über Gott, die den Glaubenswahrheiten als deren Voraussetzungen ›vorausgehen‹.[3] Dabei handelt es sich um Aussagen über die Existenz, Allmacht, Allgüte, Allwissenheit sowie die Schöpfertätigkeit und die Vorsehung Gottes. Über diese können wir Thomas und der Tradition zufolge, gestützt auf Beweise, Wissen erwerben.[4] Manche Philosophen sagen es vorsichtiger: Wir können zeigen, dass sie wahrscheinlich oder rational zulässig sind. Nur dann kann ein rationaler Adressat der Offenbarung den eigentlichen Glaubensinhalten, von denen auch aus theologischer Sicht kein Wissen möglich ist (die Dreifaltigkeit, die zwei Naturen Christi, das Jüngste Gericht, die Verheißung ewigen Lebens), glaubende Zustimmung geben bzw. eine »vernünftige Hoffnung«[5] auf sie richten. In diesem Sinne kann man von einer fundierenden Beziehung von rationaler Theologie und Offenbarungsreligion sprechen.

Ein Blick auf das Großprojekt Richard Swinburnes, eines der führenden Rationaltheologen der Gegenwart, macht die Plausibilität dieser Verhältnisbestimmung von rationaler Theologie und Offenbarung anschaulich. In einem ersten Schritt bemüht sich Swinburne darum, die Nichtwidersprüchlichkeit des standardtheistischen Gottesbegriffs aufzuzeigen (*The Coherence of Theism*; 1977). Erst dann entwickelt er Gottesbeweise (*The Existence of God*; 1979). Schließlich versucht Swinburne zu zeigen, dass göttliche Offenbarung möglich ist und ihren Lehren Glauben geschenkt werden kann (*Revelation*; 1991). Die rationale Theologie gelangt jedoch nicht mit eigenen Mitteln zu Aussagen über Gott, die über seine Existenz und seine basalen Eigenschaften wie Allgüte, Allwissenheit und Allmacht hinausgehen.

Mit dieser auch aus atheistischer Perspektive angemessenen Verhältnisbestimmung ist der rationalen Theologie eine klare Grenze gesetzt: Sie hat nicht die Mittel und ist aus theologischer Sicht auch nicht befugt, freihändig über Eigenschaften Gottes zu spekulieren, die jenseits der Fassungskraft der Vernunft liegen. Wie sollte sie auch dazu imstande sein, rational gerechtfertigte Aussagen über den trinitarischen Gott, die Bedingungen des Heils oder über Lohn und Strafe im Jenseits zu machen? Dennoch haben nicht wenige Philosophen versucht, diese Grenze in freier Spekulation zu überschreiten. Nicht alle haben wie Michael Theunissen (*Philosophie der Religion oder religiöse Philosophie?*) mit der gebotenen Klarheit festgehalten, dass eine solche »religiöse Philosophie« von rationaler Theologie und Religionsphilosophie strikt unterschieden ist.

Aus der Beschränktheit rationaler Theologie folgt ihre Ergänzungsbedürftigkeit. Denn *wenn* es gelingen sollte, die Existenz und die basalen Eigenschaften Gottes argumentativ zu sichern, wäre ein Theist damit noch nicht am Ziel angelangt. Es sind weitere Schritte zu tun, um das zu erreichen, worum es ihm letztlich zu tun ist: eine *konkrete* Orientierung für die Lebensführung und ein *konkretes* Heilsversprechen. Das kann die rationale Theologie mit ihren »kärglichen Präambula fidei« (Wagner: *Religionsbriefe*, 125), die lediglich Aussagen über einen allgütigen und allmächtigen Weltschöpfer beinhalten, keineswegs bieten. Aussagen über die Bedingungen der Erlösung oder über das Schicksal der Menschen nach dem Tode können allenfalls aus übernatürlicher Offenbarung bezogen werden. Die von ihren Vertretern eingestandene, ja betonte inhaltliche Beschränktheit der rationalen Theologie und ihre Ergänzungsbedürftigkeit durch Offenbarung (vgl. Ricken: *Glauben weil es vernünftig ist*, 41 ff.) werden im Folgenden mehrmals wichtig werden.

3 In der Philosophie bezeichnet der Terminus ›Atheismus‹ seit der Antike[6] die These, dass es keinen Gott bzw. keine Götter gibt. Üblicherweise spricht man von ›positivem Atheismus‹, wenn wir es mit der Behauptung der Nichtexistenz Gottes zu tun haben. Der Begriff des ›negativen Atheismus‹ bezeichnet demgegenüber das bloße Nichtvorhandensein der Meinung, dass es einen Gott gibt (dazu unten Kapitel 1.3). So verstanden, ist der Atheismus keine philosophische These. Aber genau das ist er zumeist in den heutigen philosophischen Debatten, und er war es in den historischen Kontroversen seit der Antike, in denen der Atheismusbegriff eine metaphysische Position bezeichnete, über deren Wahrheit gestritten werden kann. In diesem Sinne wurde der Satz »Es ist kein Gott« verstanden, den die Bibel (Psalmen 14 und 53) einem fiktiven ›Toren‹ (*insipiens*) in den Mund legt. Dieser ›Tor‹, der die Existenz Gottes *bestreitet* (dem also diese Überzeugung nicht bloß *fehlt*), war seit Anselm von Canterbury der Adressat der Gottesbeweise, die in der Geschichte der Philosophie entwickelt wurden (vgl. Bromand/Kreis: *Gottesbeweise*). Nicht anders wird auch heute die These, dass Gott kein Teil der Gesamtwirklichkeit ist, also der positive Atheismus, diskutiert. Was die heutige Debattenlage von den rationaltheologischen Kontroversen der Vergangenheit unterscheidet, ist, dass *zusätzlich* auch der negative Atheismus ein Thema ist. Im Folgenden wird deshalb auf beide Varianten des Atheismus einzugehen sein.

Eine weitere Besonderheit des Terminus ›Atheismus‹ ist noch eigens hervorzuheben. Normalerweise zeigt die Wortendung »-ismus« an, dass wir es – wie im Falle von ›Empirismus‹ oder ›Rationalismus‹ – mit einer *Theorie* zu tun haben. So ist ›Theismus‹ ein Sammelbegriff für verschiedene mehr oder weniger komplexe Theorien über Gott, seine Eigenschaften und sein Verhältnis zur Welt (Monotheismus, Polytheismus, Standardtheismus, dualistische Spielarten wie der Manichäismus usw.). ›Atheismus‹ dagegen steht für die *These*, dass Gott nicht existiert – und nicht für eine Theorie, die mehr beinhaltet als diese negative Existenzaussage. Allerdings begegnen wir der Negation der Existenz Gottes zumeist in Verbindung mit anderen (ontologischen, erkenntnistheoretischen oder moralphilosophischen) Annahmen; es ist dann häufig von einem ›naturalistischen‹, ›skeptischen‹ oder ›politischen Atheismus‹ die

Rede. So hat es sich, obwohl dies streng genommen nicht korrekt ist, eingebürgert, ›Atheismus‹ als Sammelbegriff für verschiedene komplexe Theorien zu verwenden, in die die Negation der Existenz Gottes eingebettet ist.

4 Der Atheismus hat eine zwar nicht übermäßig lange, aber doch mehrere Jahrhunderte zurückreichende Geschichte. Das älteste Dokument, das wir kennen, ist ein anonymer, im Jahre 1659 verfasster Text – kein Pamphlet, sondern ein umfangreicher, sorgfältig argumentierender Traktat – mit dem Titel *Theophrastus redivivus*.[7] Auskünfte über Atheisten der Antike, des Mittelalters und der Renaissance (Minois: *Geschichte des Atheismus*) halten einer Überprüfung an den Quellen nicht stand (vgl. Schröder: *Ursprünge des Atheismus*, 45 ff.). In den Texten, die seit dem *Theophrastus redivivus* entstanden (vgl. Mori: *Early Modern Atheism*), treffen wir eine bemerkenswerte Vielfalt von Begründungen des Atheismus und eine große Zahl von Verbindungen mit diversen ontologischen und erkenntnistheoretischen Annahmen an. Sie sind außerhalb von Expertenkreisen kaum und in der heute tonangebenden anglophonen Forschung durchweg nicht bekannt. Völlig unzureichend, auch was die Aufarbeitung der einschlägigen Quellen und der internationalen philosophiehistorischen Forschung angeht, sind die *Companions* und *Handbooks* von Martin (2006), Bullivant/Ruse (2013 und 2021) und Oppy (2019). Das hat Folgen auch für ein nicht historisch, sondern systematisch ausgerichtetes Nachdenken über den Atheismus. Die einschlägigen Ansichten zeitgenössischer Philosophen, etwa Charles Taylors (*A Secular Age*), stützen sich auf ein jenseits von Kanal und Atlantik geradezu kanonisches Buch, Michael Buckleys *At the Origins of Modern Atheism* (1987; ²2010). In völliger Unkenntnis der wichtigsten historischen Quellen sowie der nichtanglophonen Forschung meinte Buckley, der Atheismus sei ein Kind des 18. Jahrhunderts und erstmals in den Schriften des rabiat antiklerikalen Jean Meslier (s. u. S. 70) und der französischen Materialisten Holbach und Diderot entfaltet worden.[8] Diese Behauptung hat zu weitreichenden und pauschalisierenden Schlussfolgerungen geführt. So ist häufig zu lesen, der Atheismus sei *per se* – wie dies in Holbachs *Système de la nature* (1770) tatsächlich der Fall ist – durch eine materialistische Ontologie begründet. Oder er sei im Grunde

nur eine politisch motivierte Kampfansage an die christliche Kirche und folglich gar keine philosophisch satisfaktionsfähige Position. Der Blick auf den Theorienfundus, der im Corpus der atheistischen Texte seit den Anfängen im 17. Jahrhundert bereitliegt, kann diese Ansichten zurechtrücken. Er ist auch hilfreich, um eine Reihe weiterer Annahmen über den Atheismus zu überprüfen, die üblicherweise fraglos akzeptiert werden.

5 In den gegenwärtigen Debatten sieht sich der Atheismus mit einer Reihe von sehr unterschiedlichen Einwänden konfrontiert. So ist die Auffassung verbreitet, dass die Bestreitung der Existenz Gottes eine dogmatische Behauptung ist, die sträflich die unüberwindlichen Schwierigkeiten verkennt, die grundsätzlich mit dem Vorhaben eines Nichtexistenz-Beweises verbunden sind. In diesem Zusammenhang wird nicht selten der Agnostizismus, der auf die Negation wie auf die Affirmation der Existenz Gottes verzichtet, als die dem Atheismus überlegene Position ins Spiel gebracht (Kapitel 1). Gelegentlich wird behauptet, der Atheismus sei auf eine materialistische Ontologie festgelegt. Er stehe deshalb – anders als ein idealistischer oder dualistischer Theismus – einer Erklärung der Existenz des Mentalen, also der Tatsache, dass Wesen mit einem Ich-Bewusstsein in einer physikalischen Welt existieren, im Wege (Kapitel 2). Ein weiterer Einwand bezieht sich auf ein anderes, womöglich fatales Defizit des Atheismus: Wie können beispielsweise die im Universum zu beobachtenden Ordnungsstrukturen, wie kann die geradezu unwahrscheinliche Feinabstimmung der Naturkonstanten erklärt werden, ohne eine göttliche Intelligenz als deren Urheber anzunehmen? Der Atheismus scheitert, so heißt es oft, an den Erklärungslücken, die er nicht zu füllen vermag (Kapitel 3). Die These, dass der Atheismus eine Erosion der Moral nach sich zieht, und die oben erwähnte Behauptung, dass der Atheismus bloß ein philosophisch kostümierter, in Wahrheit jedoch politischer, antiklerikaler Angriff auf das Christentum und seine Institutionen ist, sind Thema des 4. Kapitels. Schließlich wird häufig geltend gemacht, dass der Atheismus sich kritisch auf eine historisch wirkmächtige, aber inzwischen obsolete Form des Theismus bezieht. In Abkehr vom Standardtheismus seien alternative Gotteskonzeptionen entwickelt worden, die die atheistischen Einwände ins Leere

laufen lassen. Diverse Varianten eines modifizierten Theismus scheinen daher ernstzunehmende und kritikresistente Optionen zu sein (Kapitel 5).

Bei einem Buch, das sich die trockene Aufgabe gestellt hat, die wichtigsten Einwände gegen den Atheismus darzustellen und zu diskutieren, versteht sich eines von selbst: Es soll keine säkularistische ›frohe Botschaft‹ verkündet werden, wie man sie gelegentlich in den Verlautbarungen atheistischer oder ›humanistischer‹ Organisationen vernehmen kann und wie sie in der unter anderem von Richard Dawkins unterstützten *Atheist Bus Campaign* des Jahres 2008 spektakulären Ausdruck gefunden hat. Der Slogan, mit dem die damals durch die Londoner Innenstadt geschickten Busse plakatiert waren, klang tatsächlich fröhlich: »There's probably no God. Now stop worrying and enjoy your life.« (vgl. Tomlins/Bullivant: *The Atheist Bus Campaign*, 1). Es wäre jedoch unredlich, diejenigen Aspekte und Implikationen des Atheismus mit Schweigen zu übergehen, die alles andere als erfreulich sind. Deshalb soll im abschließenden Kapitel die Frage nach den Verlusten, die der Atheismus uns womöglich zumutet, angesprochen werden.

ERSTES KAPITEL

ATHEISMUS UND DOGMATISMUS

1 Die Reichweite der These, dass es keinen Gott gibt, variiert in den historischen und aktuellen Spielarten des Atheismus. Der ›globale Atheismus‹ bestreitet die Existenz eines jeden, *wie auch immer beschaffenen* Gottes; ›lokale‹ Varianten negieren *bestimmte* Gottesvorstellungen, insbesondere die des Standardtheismus, die denen der abrahamitischen Religionen entspricht (vgl. Diller: *Global and Local Atheisms*). Auch der epistemische Status der Negation der Existenz Gottes wird unterschiedlich gefasst. Manche Atheisten erheben für ihre Überzeugung einen Wissensanspruch. Andere halten sie insoweit für begründet, als sie als wahrscheinlich zu gelten hat. Allen ist jedoch der Anspruch gemeinsam, dass sie eine argumentativ gesicherte philosophische These vertreten, bei der es sich um mehr als eine bloß rational zulässige Meinung handelt.

Dieses Selbstverständnis ist aus der Sicht vieler Kritiker des Atheismus »dogmatisch«.[9] Mit diesem Vorwurf ist zumeist gemeint, dass Atheisten für die Überzeugung von der Nichtexistenz Gottes einen Wissensanspruch erheben, obwohl sie mangels durchschlagender Argumente tatsächlich »nur den Status eines Glaubens« (Rohs: *Der Platz zum Glauben* [2016], 519) besitze. Die Militanz mancher Atheisten verdecke nur, dass die Negation der Existenz Gottes letztlich ein Glaubenssatz und nicht mehr als der Ausdruck einer »fundamentalistischen« weltanschaulichen Entscheidung, eine säkularistische und zugleich dogmatische »Quasi-Religion« sei.[10]

Dem Dogmatismus-Vorwurf sieht sich nicht nur der globale, sondern auch der lokale Atheismus ausgesetzt. Auch seinen Vertretern wird vorgehalten, sie erhöben für ihre Behauptung, dass der standardtheistische Gott nicht existiert, einen Wissensanspruch, den sie de facto nicht einlösen oder gar prinzipiell nicht einlösen können. Unstrittig ist, dass Nichtexistenz-Behauptungen nur in bestimmten Fällen begründet werden können. Dass zwischen mir und meinem Schreibtisch keine Autobahn verläuft, lässt sich, wenn denn mein Wahrnehmungsapparat verlässlich funktioniert, empirisch feststellen. Der Begriff eines viereckigen Kreises ist widersprüchlich und kann infolgedessen nicht instantiiert sein. Sollte nun auch der standardtheistische Gottesbegriff widersprüchlich sein, würde ihm gleichfalls nichts in der Realität entsprechen. Tatsächlich haben manche Atheisten geglaubt, dass sich ein unauflösbarer logischer Widerspruch zwischen den Gottesprädikaten aufzeigen lässt. Damit wäre die Behauptung der Nichtexistenz Gottes gerechtfertigt; sie wäre als *Wissen* auszuzeichnen und nicht als ›dogmatisch‹ abzuqualifizieren.

Das in diesem Zusammenhang klassische Argument ist der Theodizee-Einwand: Die Gottesprädikate Allmacht und Allgüte sowie die Annahme, dass Gott diese Welt voller Übel erschaffen hat, lassen sich nicht kohärent zusammendenken. Entweder, so lautet das sogenannte Epikur-Trilemma (überliefert von Laktanz: *Vom Zorn Gottes*, 13), wollte Gott das Übel verhindern und konnte es nicht – dann ergibt sich ein Widerspruch mit seiner Allmacht. Oder er konnte es, wollte es aber nicht – dann ergibt sich ein Widerspruch mit seiner Allgüte. Und die Annahme, dass er es weder wollte noch konnte, ist mit den beiden genannten Gottesprädikaten unvereinbar. Daher, so wurde oft geschlossen, ist es nicht *möglich*, dass ein allmächtiger und allgütiger Gott der Urheber dieser übelbehafteten Welt ist. Wir stellen also nicht die dogmatische Behauptung auf, dass Gott nicht existiert – wir *wissen* es.

Auf den ersten Blick scheint dieser Einwand durchschlagend zu sein. Tatsächlich ist er jedoch problematisch. Seine Achillesferse ist die Stärke der Behauptung, es sei nicht *möglich*, dass Gott das Übel zugelassen hat, und infolgedessen *notwendig* wahr, dass er nicht existiert. Dagegen wird von theistischer Seite erwidert, dass die Zulassung des Übels durch einen allmächtigen und allgütigen Gott durchaus widerspruchsfrei denkbar, also *möglich* ist. Dazu werden diverse Zusatzthesen ins Spiel gebracht. Der Wille Gottes, die Menschen als frei handelnde Wesen und nicht als determinierte Automaten zu erschaffen, kann (weil die menschliche Freiheit ein überragend wertvolles Gut ist) möglicherweise als ein guter Grund dafür betrachtet werden, die durch frei handelnde Menschen bewirkten Übel zuzulassen. Auch die Zulassung physischer Übel wie Krankheiten und Naturkatastrophen durch einen allmächtigen und allgütigen Gott ist nicht schlechterdings unmöglich. Es ist (auch wenn wir nicht wissen, *dass* es so ist) denkbar, dass »andere frei handelnde Wesen, d.h. gefallene Engel, für die natürlichen Übel verantwortlich sind«.[11] Solche Zusatzthesen sind allerdings höchst umstritten. Angesichts des Hin und Her beim Schlagabtausch zwischen Atheisten und Theisten über diese Frage ist kaum zu erwarten, dass ein deduktives (aus dem Widerspruch zwischen den Gottesprädikaten und der Existenz des Übels abgeleitetes) Argument entwickelt werden wird, das den Streit endgültig zugunsten des Atheismus entscheidet (vgl. jedoch Beckermann: *Das logische Problem des Übels ist nicht gelöst*). Daher wird von vielen Atheisten eingeräumt, dass es *logisch möglich* ist, dass ein allmächtiger und allgütiger Gott diese übelbehaftete Welt erschaffen hat. Es wird also die Behauptung fallengelassen, dass das Theodizeeproblem auf einem logischen Widerspruch beruht. Vielmehr wird zumeist geltend gemacht, dass angesichts des *Ausmaßes* des Übels die Existenz eines allmächtigen und allgütigen Weltschöpfers derart unwahrscheinlich ist, dass sie nicht ernsthaft in Betracht zu ziehen ist. Der Unterschied zwischen dieser Kritikstrategie und dem strikten (deduktiven) Beweis der *Unmöglichkeit* der Existenz Gottes liegt auf der Hand. Der Ausmaß-Einwand erweist den Theismus als unplausibel, ist aber kein strenger Beweis der Nichtexistenz Gottes. Auf jeden Fall ist es also ein Irrtum zu meinen, mit dem Theodizee-Einwand ließe sich dem Standardtheismus ein ›kurzer Prozess‹ machen. Die Attacke der Atheisten gegen den Theismus, die beim Problem des Übels ansetzt, ist, wie Richard M. Gale treffend sagt, kein »Mike-Tyson-fight« (*On the Nature and Existence of God*, 90).

Lassen wir zunächst offen, ob der Atheismus, wie seine Kritiker behaupten, in seiner globalen wie in seiner lokalen Gestalt tatsächlich hoffnungslos dogmatisch ist. Sollte er es sein, käme jedenfalls der Agnostizismus ins Spiel. Denn er ist, weil er sich jeden Urteils über die Existenz Gottes enthält, in dieser Debatte die undogmatische Position *par excellence* (1.2). Aber möglicherweise sind auch drei Varianten des Atheismus von dem Dogmatismus-Vorwurf nicht betroffen: der ›negative Atheismus‹ (1.3), die Präsumtion der Nichtexistenz Gottes (1.4 und 1.5) und die Negation der Existenz

Gottes mithilfe des von Bertrand Russell entwickelten Teekannen-Arguments (1.6).

2 Der Agnostizismus wird üblicherweise als diejenige Position definiert, die die Existenz Gottes weder behauptet noch bestreitet. Es leuchtet unmittelbar ein, dass er gegen den Dogmatismus-Vorwurf immun ist, und so scheint es, dass er seinen ›dogmatischen‹ Konkurrenten, dem Atheismus und dem Theismus, vorzuziehen ist. Der Agnostizismus ist im Übrigen nicht notwendig areligiös oder antireligiös. Auch ein religiöser Glaube, der nicht mit einem Wissensanspruch verbunden ist, wird gelegentlich als Agnostizismus bezeichnet (vgl. Gutting: *Religious Agnosticism*; Boscaljon: *Agnostic Theology;* Fallon/Hyman: *Agnosticism).*

Wenn wir uns an die Etymologie des Ausdrucks halten, können wir die Definition präzisieren: Agnostiker ist, wer keine *gnôsis*, also keine Erkenntnis, kein *Wissen* von der Existenz oder Nichtexistenz Gottes zu haben beansprucht. Wir können hierüber nichts wissen; weder die Behauptung noch die Bestreitung der Existenz Gottes lässt sich begründen. Es besteht ein Patt zwischen Theismus und Atheismus. Die Gründe für die eine oder die andere Seite mögen eine höhere Plausibilität besitzen, doch liegt insofern ein Patt vor, als für *beide* gleichermaßen gilt, dass die für sie vorgebrachten Gründe nicht ausreichen, um die jeweilige Annahme zu rechtfertigen (vgl. Benn: *Some Uncertainties about Agnosticism*, 173). Die Griffigkeit dieser landläufigen Definition ist jedoch trügerisch. Man kann nur staunen, wie viele deutlich voneinander unterschiedene Positionen unter der terminologischen Flagge des ›Agnostizismus‹ segeln. Versuchen wir also zunächst, einen Überblick über die wichtigsten Varianten zu geben.

Die Position von Thomas Henry Huxley, der diesen Terminus prägte, hat wenig mit den Vorstellungen gemein, die landläufig mit diesem Ausdruck verbunden werden. (a) Für Huxley ist der Agnostizismus »kein Glaube/keine inhaltliche Überzeugung, sondern eine Methode [not a creed, but a method], die im Wesentlichen in der rigorosen Anwendung eines einzigen Prinzips besteht«: Es ist die Anweisung, bei beliebigen Aussagen der Rechtfertigungspflicht (»to give reason«) zu genügen (*Selected Works*, Bd. 5, 245 f.; vgl. auch 310). (b) Anwendung soll dieses Prinzip Huxley zufolge in allen Bereichen finden, in denen Wissensansprüche erhoben werden. Es ist keineswegs auf die Frage nach der Existenz Gottes eingeschränkt. Huxley selbst hat sich übrigens nie zu dieser Frage geäußert – ob aus Vorsicht, muss hier (oder sogar grundsätzlich) offen bleiben. (c) Huxleys Agnostizismus ist auch vom globalen Skeptizismus zu unterscheiden, in dessen Zentrum die These steht, dass wir grundsätzlich nichts wissen können. Huxley selbst weist ausdrücklich die Auffassung der pyrrhonischen Skeptiker (Näheres dazu unten S. 26 f.) zurück, dass zu *allen* Behauptungen *gleichstarke* Pro- und Contra-Argumente beigebracht werden können, so dass in Bezug auf profane wie religiöse Gegenstände generell kein Wissen möglich ist (Bd. 5, 205). Der für den landläufigen Agnostizismus-Begriff zentrale Gedanke, dass es stets ein solches Patt gibt, ist ihm völlig fremd. (d) Die Anwendung des von Huxley etablierten methodologischen Prinzips resultiert nicht notwendig in Urteilsenthaltung (»suspension of judgment«). Zwar ist in manchen Fällen Urteilsenthaltung geboten. In anderen Fällen jedoch ist die Negation (»denial«) der in Frage stehenden Behauptung angezeigt (Bd. 5, 310 f.). Als Beispiel nennt Huxley die Auffassung, es gebe gute und böse Geister. Bei genauer Prüfung bleibt diese Frage nicht in der Schwebe. Als Antwort ist – wie immer, wenn »keine logisch befriedigenden Belege [logically satisfactory evidence]« zugunsten der betreffenden Annahme vorliegen (Bd. 5, 310) – ein negatives Urteil geboten: »Ich weise ohne Zögern den Glauben an diese Lehre zurück und bestreite, dass diesen spirituellen Lehren eine Realität entspricht.« (Bd. 5, 349).

Genau das, was Huxley von seiner Version des Agnostizismus fernhalten wollte – »the pretension to be a religious philosophy« (Bd. 5, 310) – macht den Kern der Position aus, die sein Zeitgenosse Herbert Spencer gleichfalls als »agnosticism« bezeichnete (vgl. Fitzgerald: *Herbert Spencer's Agnosticism*; Pyle: *Agnosticism*). Denn er verteidigt die Annahme eines »Unknowable«, einer ›höheren Realität‹, von deren Eigenschaften wir nichts wissen können. Allerdings lässt er seinen Spekulationen insoweit erstaunlich freien Lauf, als er diese als »Infinite and Eternal Energy« bestimmen zu können meint (*Religion*, 95 ff.). Auf eine kurze Formel gebracht, lässt sich von einem (allerdings nicht konsequent durchgehaltenen) ›Eigenschafts-Agnostizismus‹ sprechen, während der heute zumeist diskutierte ›Existenz-Agnostizismus‹ nicht nur in der Schwebe lässt, welche Eigenschaften Gott besitzt, sondern auch, ob er existiert. Des Weiteren ist Spencers »Unknowable« Gegenstand religiöser Verehrung (»worship«), was Nietzsche mit seiner maliziösen Bemerkung kommentierte, die »Agnostiker« seien »Verehrer des Unbekannten und Geheimnisvollen an sich«, die »*das Fragezeichen selbst* jetzt als Gott anbeten« (*Zur Genealogie der Moral*, III, § 25). Manche haben in Spencers religiös gefärbtem Agnostizismus unter inhaltlichen Gesichtspunkten nurmehr ein blutleeres »Gespenst der Religion« erblicken können (Harrison: *The Ghost of Religion*). Aus heutiger Sicht mutet Spencers »reverent agnosticism« (Berman: *Atheism in Britain*, 216) wie eine Vorwegnahme alternativer Gottesvorstellungen an, die zur Zeit etwa unter dem Etikett *ultimism* vertreten werden (s. u. Kapitel 5.3).

In den gegenwärtigen Debatten geht es zumeist weder um den als methodologisches Prinzip verstandenen Agnostizismus im Sinne Huxleys noch um den Eigenschafts-Agnostizismus, wie Spencer ihn vertrat. Die vorherrschenden Varianten zeichnen sich dadurch aus, dass sie (a) sich auf die *Existenz* Gottes (und nicht allein auf seine Eigenschaften) beziehen, (b) zu dieser eine *skeptische* Haltung einnehmen (»Wir wissen weder, dass Gott existiert, noch dass er nicht existiert«) und (c) diese skeptische Haltung damit begründen, dass es ein *Patt* zwischen Theismus und Atheismus gibt. Anthony Kenny fasst diese Elemente des, wie man sagen könnte, Standard-Agnostizismus wie folgt zusammen:

> »Ich kenne kein überzeugendes Argument für die Existenz Gottes; in allen meine ich Fehler entdecken zu können. Ebenso wenig kenne ich ein Argument gegen die Existenz Gottes, welches ganz und gar überzeugend wäre. In allen mir bekannten Argumenten gegen die Existenz Gottes finde ich gleichfalls Fehler. Folglich ist meine Position bezüglich der Existenz Gottes agnostisch.« (Kenny: *Faith and Reason*, 84 f.; vgl. auch Ders.: *The Unknown God. Agnostic Essays*)

Während Kenny hierbei den standardtheistischen Gottesbegriff im Blick hat, konstruieren andere Autoren das agnostische Patt, indem sie den Atheismus und einen *revidierten* Theismus einander gegenüberstellen. So legt sich Robin Le Poidevin den Gottesbegriff wie folgt zurecht: Gott ist erstens die »letzte Ursache des Universums, das er intentional hervorgebracht hat«, zweitens »die Quelle der Liebe« und drittens »die Quelle moralischen Wissens« (*Agnosticism*, 52). Was die Eignung betrifft, den Ursprung von Intelligenz, Leben und moralischem Bewusstsein zu erklären, stehen sich der so definierte Theismus und der Atheismus ihm zufolge ebenbürtig gegenüber (57ff.). Keiner von beiden hat eine höhere Ausgangswahrscheinlichkeit als der andere. Entsprechendes gelte für das Theodizeeproblem (73ff.). Auch hier sei keine der beiden Positionen der anderen überlegen. Dies überrascht allerdings kaum, da dem zugrunde gelegten Gottesbegriff das Allmachtsattribut fehlt. Mehr als überraschend ist allerdings die von Le Poidevin fraglos vorausgesetzte Annahme, dass es überhaupt von Interesse ist, danach zu fragen, wie wir uns zu dem von ihm gebastelten *Selfmade-God* verhalten sollen: affirmativ, negierend oder agnostisch. Wenn (wofür eingangs argumentiert wurde; s. Einl.2) rationale Theologie nicht die Aufgabe und auch nicht die theoretischen Mittel hat, freihändig Gottesbegriffe zu fabrizieren, können wir Le Poidevins Gott und seine Variante des Agnostizismus beiseitelassen.

Im Hinblick auf den Gott des Standardtheismus – und damit der drei abrahamitischen Religionen – ist der Agnostizismus jedoch womöglich eine ernstzunehmende Position. Es scheint ja nicht ausgeschlossen, dass ein agnostischer, auf Wissensansprüche verzichtender Glaube nicht allein psychologisch möglich, sondern auch rational zulässig ist. Die entscheidende Bedingung hierfür ist allerdings, dass der Agnostizismus eine *stabile* Position ist. Sicherlich gibt es philosophische Fragen, bei denen eine agnostische Haltung angemessen ist. Möglicherweise gilt dies für Fragen wie die, ob mentale Zustände mit Zuständen des Gehirns identisch sind, ob moralische Urteile wahrheitsfähig sind, oder für die Frage nach dem ontologischen Status von Zahlen (vgl. Rosenkranz: *Agnosticism*, 15). Aber ist das auch bei der Frage nach der Existenz Gottes der Fall? Dazu müsste überzeugend nachgewiesen werden, dass ein echtes und stabiles Patt zwischen Theismus und Atheismus vorliegt. Ob dies gelingt, wird in zwei späteren Abschnitten zu untersuchen sein. Bei näherer beweistheoretischer Betrachtung (1.4) und aus Bertrand Russells Teekannen-Argument (1.6) ergibt sich womöglich, dass die für den Agnostizismus unverzichtbare Annahme eines Patts nicht aufrechterhalten werden kann.

3 Die Haltung, die der Dogmatismus-Vorwurf brandmarkt, fehlt offensichtlich bei einer Variante des Atheismus, die gewöhnlich als ›negativer Atheismus‹ bezeichnet wird. Sie fehlt ganz einfach deshalb, weil ein negativer Atheist dadurch definiert ist, überhaupt keine Meinung zu der Frage, ob Gott existiert, zu haben. Er ist »someone who is simply not a theist«.[12] Der negative Atheismus beinhaltet nicht die Aussage, dass Gott nicht existiert. Es handelt sich vielmehr um das Nichtvorhandensein einer Überzeugung, für die ein Wahrheitsanspruch erhoben werden könnte. Er ist also eine, möglicherweise *die* undogmatische Variante des Atheismus. Näher besehen, kann eine solche »absence of belief« zweierlei bedeuten: Es kann sich um ein durch äußere Umstände zustande gekommenes oder aber um ein aus philosophischen Überlegungen resultierendes Nichtvorhandensein der betreffenden Überzeugung handeln.

Der erste Fall ist außerhalb der Sphäre philosophischer Debatten häufig anzutreffen. So besaßen die Zeitgenossen Homers weder die Überzeugung, dass ein Gott im Sinne des Standardtheismus existiert, noch die gegenteilige Meinung. Zum polytheistischen Götterglauben ihrer Kultur konnten sie sich zustimmend oder ablehnend verhalten. Aber sie kannten keinen Mono- oder Standardtheismus, von dem sie sich hätten distanzieren können. Ähnliches gilt für Menschen, die heutzutage in einem völlig areligiösen und philosophiefernen Umfeld aufgewachsen sind und infolgedessen nicht die Überzeugung bilden konnten, dass der Theismus falsch ist. Ein solcher negativer Atheismus im Sinne einer unreflektierten *absence of belief* ist für Religionswissenschaft und Religionssoziologie von Interesse.

Philosophisch interessant ist der andere Fall. Reflektierte negative Atheisten, denen die Überzeugung von der Nichtexistenz Gottes fehlt, besitzen durchaus eine Überzeugung, nämlich eine Überzeugung zweiter Ordnung: Aus erkenntnistheoretischen Gründen kann man ja zu der Auffassung kommen, dass wir keine gerechtfertigte Meinung bezüglich der Existenz Gottes bilden können. So kann man in Anerkennung eines strengen Verifikationsprinzips die Kernaussagen sowohl des Theismus als auch des Atheismus als gar nicht wahrheitsfähige Äußerungen einstufen. Oder man kann den Theismus als ein Set von schlichtweg unverständlichen Scheinaussagen betrachten, die weder wahr noch falsch sind, so dass eine propositionale Einstellung zu ihnen gar nicht möglich ist. Diese Position wurde bündig von Charles Bradlaugh wie folgt beschrieben:

> »Der Atheist behauptet nicht ›Es gibt keinen Gott‹, sondern: ›Ich weiß nicht, was du mit ›Gott‹ meinst. Ich habe keine Vorstellung von Gott. Das Wort ›Gott‹ ist für mich ein bloßes Geräusch, das mir keine klare und deutliche affirmative Aussage vermittelt [a sound conveying no clear or distinct affirmation]. Ich leugne Gott nicht, denn es ist mir nicht möglich, etwas zu leugnen, von dem ich keinen Begriff habe und dessen Begriff dermaßen mangelhaft ist, dass sein Verfechter außerstande ist, ihn zu definieren.‹« (*A Plea for Atheism*, 67)

In bestimmten Debattenkonstellationen ist der negative Atheismus – nicht aber die positive Variante – am Platz, nämlich dann, wenn wir mit unklaren, unverständlichen oder sinnlosen Aussagen bzw. Scheinaussagen konfrontiert sind. Das klassische Beispiel ist Paul Tillichs berüchtigte Bestimmung Gottes als »das, was uns unbedingt angeht«/»the fundamental symbol of our ultimate concern«. Kaum gehaltvoller sind John Deweys Formel »die Einheit aller idealen Ziele, die in uns Wünsche und Handlungen hervorrufen«, und, in jüngster Zeit, die wolkige »metaphysisch und axiologisch letzte Realität«, die John L. Schellenberg an die Stelle des standardtheistischen Gottesbegriffs setzt.[13] Hierauf kann nur der negative Atheismus die angemessene Antwort sein.

Ist also allein die negative Variante des Atheismus, die den Dogmatismus-Vorwurf ins Leere laufen lässt, in Erwägung zu ziehen? Manche Autoren sind dieser Ansicht und definieren den Atheismus *per se* als die Position eines Opponenten des Theismus, der »kein Theist ist«, aber nicht »die positive Behauptung der Nichtexistenz Gottes aufstellt« (Flew: *The Presumption of Atheism*, 14). Wenn wir von inhaltsleeren Bekenntnissen wie denjenigen Tillichs oder Schellenbergs absehen, gibt es jedoch Varianten des Theismus, die man keineswegs mit Bradlaugh als »ein Geräusch, das keine klare und deutliche affirmative Aussage mitteilt«, abtun kann. Dass

»den zentralen Aussagen des Theismus eine buchstäbliche Bedeutung zukommt«, wird auch von vielen Atheisten anerkannt (Mackie: *Das Wunder des Theismus*, 10). Dies wird übersehen, wenn allein der negative Atheismus als eine vertretbare Position betrachtet wird. Kohärent und begrifflich sorgfältig exponierte Versionen des Theismus können durchaus Gegenstand eines rationalen Disputs sein und verlangen eine inhaltliche Stellungnahme vonseiten eines Atheisten. Bestreitet er ihren Wahrheitsgehalt, vertritt er einen positiven Atheismus. Damit stellt sich erneut die Frage, ob die Nichtexistenzbehauptung, die den Kern des positiven Atheismus ausmacht, auf eine nicht-dogmatische Weise vertreten werden kann. Möglicherweise ist dies bei den in den folgenden Abschnitten vorgestellten Ansätzen der Fall.

4 Probleme der rationalen Theologie sind oft in Analogie zu juristischen Verfahren exponiert worden. Das bekannteste Beispiel ist wohl Leibniz' *Theodizee*, in der Gott sozusagen vor dem Gerichtshof der Vernunft gegen die Anklage, für das Übel in der Welt verantwortlich zu sein, verteidigt wird. Nehmen wir also an, die dialektische Konstellation, die im Disput zwischen Theisten und Atheisten gegeben ist, sei dem Schlagabtausch von Anklage und Verteidigung in einem Strafprozess vergleichbar. Vor Gericht ist die Anklage bestrebt, ein Urteil zu erreichen, das den Angeklagten des betreffenden Vergehens schuldig spricht, während die Verteidigung einen Freispruch zu erwirken sucht. Zu einem rechtsstaatlichen Gerichtsverfahren gehört nun eine besondere Verteilung der Beweislast: Es ist nicht der Beschuldigte (bzw. seine Rechtsvertretung), der seine Unschuld beweisen muss, vielmehr ist es die Strafverfolgungsbehörde, die den Schuldnachweis zu erbringen hat. Wenn nun in einem konkreten Fall die Schuld des Angeklagten nicht nachgewiesen werden kann, so gilt die Unschuldsvermutung: »Jeder Mensch, der einer strafbaren Handlung beschuldigt wird, ist solange als unschuldig anzusehen, bis seine Schuld in einem öffentlichen Verfahren [...] gemäß dem Gesetz nachgewiesen ist.« (*Allgemeine Erklärung der Menschenrechte der Vereinten Nationen*, Art. 11, Abs. 1).

Der Unschuldsvermutung liegt ein Prinzip zugrunde, das auch in Sphären außerhalb der Rechtsprechung Anwendung findet (vgl.

Scholz: *Verstehen und Rationalität*, 148 ff.). Analog zu dem englischen Äquivalent von ›Unschuldsvermutung‹ – *presumption of innocence* – wird es im Folgenden ›Präsumtionsprinzip‹ genannt. Es handelt sich dabei um die Anweisung, eine starke Annahme (bis zum Nachweis ihrer Wahrheit) zu verwerfen und die mit ihr konkurrierende schwache Annahme zu akzeptieren. Als ›schwach‹ werden dabei Annahmen verstanden, die mit dem gegebenen Wissensstand übereinstimmen oder sich in ihn integrieren lassen. ›Stark‹ dagegen sind Annahmen, die einen nicht-offensichtlichen, zu einer Revision unserer etablierten Meinungen zwingenden Sachverhalt festzustellen beanspruchen.

Werfen wir dazu einen Blick auf ein einfaches, wissenschaftlich unstrittiges Beispiel. In Diskussionen über homöopathische Medikamente behauptet die eine Partei deren Wirksamkeit, während die andere die Auffassung vertritt, dass sie unwirksam sind. Bekanntlich sind Medikamente, in denen verschwindend wenige oder sogar kein einziges Molekül der Wirksubstanz enthalten ist, unwirksam. Genau das ist bei der ›Potenzierung‹ genannten hohen Verdünnung homöopathischer Medikamente der Fall (vgl. Hühn: *Potenzen II*). Nun gibt es keinen durch ein wissenschaftlich akzeptiertes Testverfahren erbrachten Beleg für ihre Wirksamkeit, d. h. für eine den Placebo-Effekt übertreffende Effektivität. Die Behauptung ihrer Wirksamkeit ist also die starke, begründungsbedürftige Annahme. Es ist klar, welche Verteilung der Beweislast hier vorliegt: Der *Anhänger* der Homöopathie, nicht aber derjenige, der ihre Wirksamkeit bestreitet, steht in der Rechtfertigungspflicht. Etwaige Belege, die von Homöopathie-Anhängern ins Feld geführt werden, muss der Homöopathie-Kritiker natürlich prüfen (und das ist bislang stets mit negativem Resultat geschehen). Gelingt der Wirksamkeitsnachweis nicht, ist von der therapeutischen Nichteffektivität der Homöopathie auszugehen. Was folgt daraus? Erstens: Wer behauptet, dass es keine Heileffekte der Homöopathie gibt, nimmt damit, auch wenn er strenggenommen keinen Beweis seiner Behauptung erbringt, keine ›dogmatische‹ Haltung ein. Er wendet vielmehr das Präsumtionsprinzip, also einen allgemein anerkannten Grundsatz für die Feststellung der Zustimmungsfähigkeit von Behauptungen, an. Zwar gilt der Vorbehalt ›bis zum Beweis des Gegenteils‹; die homöopathiekritische Überzeugung ist also grundsätzlich fallibel. Dennoch ist der Homöopathie-Kritiker dazu berechtigt, die Ansicht seiner homöopathiegläubigen Gegner als falsch zurückzuweisen. Zweitens: Es gibt kein Patt zwischen Homöopathie-Glaube und Homöopathie-Ablehnung. Die Anwendung des Präsumtionsprinzips resultiert nicht in einer agnostischen Haltung. Was ein Anhänger der Homöopathie von einem wissenschaftlichen Mediziner zu hören bekommt, ist denn auch nicht der Bescheid, dass ihre Wirksamkeit nicht erwiesen und deshalb ungewiss, aber immerhin möglich sei. Er wird vielmehr die klare Ansage erhalten, dass der von den Homöopathen behauptete Sachverhalt – die Effektivität ihrer Medikamente – nicht besteht. In ganz ähnlicher Weise wie in dieser medizinischen Debatte ist das Präsumtionsprinzip von Philosophen zur Begründung des Atheismus eingesetzt worden.

Eine tragende Säule war das Präsumtionsprinzip bereits in einem der ersten atheistischen Texte, die wir kennen, dem *Symbolum sapientiae*, das im späten 17. Jahrhundert von einem bis heute nicht identifizierten Autor verfasst wurde (vgl. Schröder: *Ursprünge des Atheismus*, 369 ff.; 408 ff.). Drei Jahrhunderte lang kursierte es lediglich in einigen öffentlich kaum wahrgenommenen Abschriften, und so blieb ihm eine nennenswerte Wirkung auf die Atheismus-Debatten der Folgezeit versagt. Aber aus sachlichen Gründen verdient es an dieser Stelle unsere Aufmerksamkeit.

Ausgangspunkt der Überlegungen des Anonymus ist der Angriff, den Vertreter der antiken pyrrhonischen Skepsis gegen die philosophische Theologie geführt haben.[14] Das hat historische Gründe (das 17. Jahrhundert war eine Zeit intensiver Beschäftigung mit dem Pyrrhonismus), ist aber auch sachlich begründet. Denn der Hauptinformant über die pyrrhonische Skepsis, Sextus Empiricus, bietet in seinen Schriften *Adversus mathematicos* und *Pyrrhonische Hypotyposen* eine reichhaltige Präsentation der kursierenden Argumente zugunsten und gegen den Theismus (gegen den Monotheismus und den Polytheismus). Im Hintergrund steht bei pyrrhonischen Skeptikern wie Sextus eine metaphilosophische, im Kern existenzphilosophische Idee: Es ist die Aufgabe der Philosophie, ein glückliches, durch beunruhigende Faktoren nicht gestörtes Leben zu sichern. Eine wesentliche Quelle der Störungen unserer Seelenruhe ist die Verstrickung in stets ergebnislose und dadurch frustrierende philosophische Untersuchungen und Debatten. Die Seelenruhe können wir nur erreichen, indem wir die Suche nach Erkenntnis ganz aufgeben. Willentlich können wir dies nicht tun. Dies gelingt nur, wenn wir einsehen, dass dieses Streben nie zum Ziel kommen kann. Dazu müssen wir uns vor Augen führen, dass sich für *jede* Meinung *gleichstarke* Pro- und Contra-Argumente ins Feld führen lassen. Mit dieser Einsicht in die Gleichstärke (›Isosthenie‹) der Pro- und Contra-Argumente erlischt das Streben, wahre und gerechtfertigte Meinungen zu erwerben. Es stellt sich die erwünschte Seelenruhe ein, und wir können das glückliche Leben von Skeptikern, ein Leben »ohne Meinungen«, ohne intellektuelle Anstrengungen und Frustrationen, führen (*Pyrrh. hyp.* I.4). Von dieser therapeutisch motivierten Stilllegung des Erkenntnisstrebens sind auch die Meinungen über Gott und die Götter betroffen. Seinem generell angewandten Verfahren gemäß trug Sextus in *Adversus mathematicos* (bes. IX.13–194) die einschlägigen Beweise und Gegenbeweise zusammen und gelangte zu dem Ergebnis, »dass aufgrund der Gleichstärke [*isosthéneia*] der entgegengesetzten Argumente die Existenz der Götter nicht eher [*u mâllon*] anzunehmen ist als ihre Nichtexistenz«. (IX.59)

Die pyrrhonische These, dass auch in den Kontroversen der philosophischen Theologie ein solches Patt, eine Isosthenie, vorliegt, hat den anonymen Autor des *Symbolum sapientiae* nicht überzeugt. Wie er darlegt, widerspricht diese These anerkannten methodologischen Prinzipien. Um über das pyrrhonische Patt hinauszukommen, bedient er sich des Präsumtionsprinzips. Es ist kein Zufall, dass ein Autor des späten 17. Jahrhunderts diesen Weg beschritt. In dieser Zeit gab es mehrere Versuche, juristische Methoden für die Philosophie fruchtbar zu machen. Insbesondere sind es die methodologischen Überlegungen von Leibniz, in denen Beweislastverteilungs-Erwägungen und der Präsumtionsbegriff eine wichtige Rolle spielen: (1) Das Bestehen eines nicht offen zutage liegenden Sachverhalts wird »nicht angenommen [non praesumitur], [...] bevor der Beweis erbracht ist, dass er besteht« (AA VI/2, 431; vgl. auch *Nouveaux essais*, IV,14). (2) Wie im Falle der juristischen Unschuldsvermutung muss »eine schwache [minus], verneinende [negans] Annahme« gegenüber einer »starken Annahme [majus]« privilegiert werden (AA VI/1, 471). (3) Eine Präsumtion gilt zwar nur bis zum Beweis des Gegenteils. Bevor aber ein Gegenbeweis erbracht ist, ist sie nicht bloß als wahrscheinliche Vermutung, sondern »als *wahre* Annahme anzuerkennen [pro vero habetur]« (AA VI/3, 631). Auf diese für die philosophische Argumentationstheorie adaptierten »termes des Jurisconsultes« (*Nouveaux essais*, IV,14) – den Präsumtionsbegriff, die Unschuldsvermutung sowie Beweislastverteilungs-Erwägungen – greift der Verfasser des *Symbolum sapientiae* zurück, um den Atheismus zu begründen. Es lohnt sich, einen näheren Blick auf den in vier Schritten entwickelten Gedankengang zu werfen:

(1) In der Debatte über die Existenz Gottes liegt eine eindeutige Beweislastverteilung vor. Begründungsbedürftig ist nicht der Atheismus, sondern der Theismus. Auch von Theisten (siehe dazu unten S. 32 den Hinweis auf Thomas von Aquin) wird anerkannt, dass aufgrund dieser Beweislastverteilung die »Präsumtion« der Nichtexistenz oder der kognitiven Unzugänglichkeit des zur Debatte stehenden Gegenstandes gilt:

> »Die Existenz eines jeden Gegenstandes muss bewiesen werden, und so bin ich nicht genötigt zu glauben, dies oder das existiere oder sei vorhanden, wenn es nicht bewiesen ist. Also sind wir keineswegs verpflichtet, die Nichtexistenz Gottes zu beweisen; vielmehr trägt derjenige, der einen Sachverhalt behauptet, die Beweislast [affirmanti incumbit probatio], und folglich ist es an denen, die die Existenz Gottes behaupten, ebendies mit Argumenten darzutun. Denn bis zum Beweis der Existenz eines Gegenstandes gilt die Präsumtion [praesumtio], dass dieser nicht existiert oder dass uns unbekannt ist, ob er existiert. Das geben die Gottesverehrer auch bereitwillig zu und bemühen sich deswegen darum, mit Gründen […] die Annahme der Existenz Gottes zu sichern.« (223 f.)

(2) Nichtexistenzbeweise sind nur zu führen, wenn wir den Begriff des betreffenden Gegenstandes kennen; denn nur dann können gegebenenfalls Widersprüche in diesem aufgezeigt werden. Sie sind nicht möglich im Hinblick auf einen Gott, dessen Attribute unbekannt sind. Der globale Atheismus ist deshalb nicht gerechtfertigt:

»Es ist unüberlegt, einen Sachverhalt zu bestreiten oder zu behaupten, den wir nicht klar erkennen. Insofern begehen die Atheisten einen schweren Irrtum, die so weit gehen, die Existenz Gottes rundheraus zu bestreiten [plane negare]. Sicherlich kann niemand zeigen, dass die Proposition ›Gott existiert‹ [propositio: Deus existit] einen Widerspruch enthält. Und so ist es denn auch nicht unmöglich zu behaupten, es gebe einen Gott.« (224f).

(3) Der globale Atheismus beruht auf einem fehlerhaften *argumentum ad ignorantiam*: Zu Unrecht wird aus der Tatsache, dass wir von einem Sachverhalt nichts wissen, geschlossen, dass er nicht besteht. Zwar ist die Negation eines zweifelhaften und kognitiv unzugänglichen Sachverhalts »weniger fehlerhaft« als seine Affirmation. Dennoch empfiehlt sich die Urteilsenthaltung bezüglich der Frage, ob ein wie auch immer bestimmter Gott existiert:

»Um sorgfältig bei unseren Schlussfolgerungen vorzugehen, sollten wir daher weder bestreiten noch annehmen, dass es einen Gott gibt, sondern diesen Gegenstand zu dem rechnen, was wir nicht kennen und worüber wir uns des Urteils enthalten sollten. Es gibt vieles, von dem wir nicht wissen, ob es existiert. Und so wie es unüberlegt wäre zu bestreiten, es gebe mehr Sterne, als wir sehen, so überschreitet ein Atheist die Grenzen des Verstandes, wenn er so weit geht, Gott in die Klasse der nicht existierenden Gegenstände einzuordnen. In dieser Hinsicht ist es vorzuziehen, ein Skeptiker und kein Atheist zu sein. Daraus, dass der Dogmatiker die Existenz Gottes nicht beweisen kann, folgt nicht, dass dieser nicht existiert. Denn es wäre nicht korrekt, von unserer Unkenntnis eines Sachverhalts darauf zu schließen, dass er zu bestreiten ist [ab ignorantia nostra ad rei negationem non valet consequentia]. Es ist vielmehr angemessen, zu zweifeln und die Streitfrage über Gott in der Schwebe zu lassen, statt etwas Sicheres über diesen uns nicht zugänglichen Gegenstand zu behaupten. Daher begehen die Atheisten und die Theisten denselben Fehler. Allerdings ist, um es genau zu sagen, den Letzteren ein größerer Vorwurf zu machen. Im Falle eines äußerst zweifelhaften und unzugänglichen Sachverhalts ist es weniger unüberlegt, wenn man zu seiner Bestreitung [negatio] tendiert, als wenn man sein Bestehen mit Händen und Füßen verteidigt.« (225ff.)

(4) Anders verhält es sich mit dem lokalen Atheismus. Die Negation der Existenz des standardtheistischen Gottes lässt sich begründen. Denn dessen Begriff ist so weit bestimmt, dass sich Widersprüche zwischen seinen Attributen aufzeigen lassen. Daraus ist zu folgern, dass *dieser* Gott unmöglich existieren kann:

»Die Theisten haben einen Gott erdichtet, der in Wirklichkeit nicht existieren kann. In diesen Zusammenhang gehören die Eigenschaften Gottes und die übrigen Annahmen der Christen über Gott und ihre Offenbarungslehren, die aufgrund ihrer Widersprüche einen Atheisten geradezu dazu bringen müssen, diesen Gott überhaupt zu leugnen. Denn einen Gott, wie er von den Christen und den Heiden vorgeführt wird, kann es in Wirklichkeit nicht geben.« (227)

Das Präsumtionsprinzip ist nicht die einzige tragende Säule des Atheismus des *Symbolum sapientiae*. Aber es liefert die entscheidende Begründung für die Überwindung einer agnostisch-skeptischen Haltung bezüglich der Frage nach der Existenz Gottes. Selbst wenn sich die Gleichstärke der Argumente für den Theismus und den Atheismus zeigen ließe, wäre es unangemessen, bei dieser Feststellung stehenzubleiben. Denn schwächere Annahmen sind stärkeren vorzuziehen. In beweistheoretischer Perspektive stehen sich Theismus und Atheismus nicht ebenbürtig gegenüber. Damit ist die Grundstruktur eines Arguments gegen die zumeist vertretenen Varianten des Agnostizismus gegeben, da auch heutige Agnostiker wie Le Poidevin (1.2) nicht anders als die Pyrrhoniker von einem solchen Patt ausgehen bzw. es aufzeigen zu können beanspruchen. Zur Rechtfertigung des von ihm vertretenen lokalen Atheismus setzt der Autor des *Symbolum* das Präsumtionsprinzip allerdings nicht ein: Um für die Nichtexistenz des standardtheistischen Gottes zu argumentieren, wählt er den Königsweg, den Nachweis von Widersprüchen im Gottesbegriff, die namentlich im Zusammenhang mit dem Theodizeeproblem zutage treten (235).

5 Die heute zumeist diskutierte Variante des Beweislastverteilungs-Arguments gegen den Theismus wurde von Antony Flew in seinem Aufsatz *The Presumption of Atheism* entwickelt. Flews Position und die des *Symbolum sapientiae* weisen einige auffällige Gemeinsamkeiten auf, so dass Flew dessen Autor in einigen

Hinsichten als »my anonymous seventeenth century predecessor« ansah (briefl. Mitteilung an den Vf., 20.1.1999). Ein wesentlicher Unterschied besteht allerdings darin, dass der britische Philosoph nur einen »negativen Atheismus« für begründbar hält, also die Haltung von jemandem, »who is simply not a theist« (14). Flew geht es nicht um die argumentative Sicherung des »positiven Atheismus«, also der These, die jemand vertritt, »who positively asserts the non-existence of God« (ebd.). Ausgangspunkt ist auch bei Flew das »prozedurale« (19) Prinzip, das in der juristischen Unschuldsvermutung seinen Ausdruck findet: »the onus of proof lies on the man who affirms, not on the man who denies« (20). Dieses Prinzip kann zwar keine generelle Geltung beanspruchen; so trägt in der Debatte über die Realität der Außenwelt der Opponent und nicht der Proponent die Beweislast. In der Theismus-Atheismus-Debatte jedoch muss es (weil die Existenz Gottes der fragliche, nicht-offensichtliche Sachverhalt ist) befolgt werden. Konkret: Die schwächere These (in diesem Falle die negierende: die der Nichtexistenz Gottes) ist die Initialposition, mit der ein korrekt strukturierter Disput über die Frage nach der Existenz Gottes beginnen muss. Sodann muss der Theist versuchen, der ihm obliegenden Rechtfertigungspflicht zu genügen. Gelingt ihm dies nicht, d.h., schlagen seine Gottesbeweise fehl, so bleibt, wie im Falle der Unschuldsvermutung, die Präsumtion der Nichtexistenz Gottes bestehen. Es liegt in der Natur präsumtiver Annahmen, dass sie widerleglich (»defeasible«; 18) sind. Der Disput, der Flews Prinzip gemäß aufgebaut ist, ist also ergebnisoffen. Er gelangt aber gegebenenfalls durchaus zu Resultaten. Ein auf diesem Wege begründeter Atheismus kann freilich nur bis zum Beweis des Gegenteils Geltung beanspruchen. Aber er ist eine begründete Position. Dass er fallibel ist (dieses Schicksal teilt er mit anderen, etwa nicht-apriorischen Annahmen), lässt den Dogmatismus-Vorwurf an dieser »firm yet undogmatic posture« (*The Principle of Agnosticism*, 31) abprallen. – Und es gibt weitere Vorzüge von Flews *presumption of atheism*.

Erstens ist die von Flew geforderte Disput-Strukturierung neutral im Hinblick auf die beiden hier konfligierenden Parteien (*The Presumption of Atheism*, 16). Auch für Theisten ist sie akzeptabel. Mehr noch: Genau so, wie Flew es vorschlägt, sind Klassiker der rationalen Theologie tatsächlich vorgegangen. Thomas von Aquin etwa beginnt in seiner *Summa theologiae* den Artikel über die *Fünf Wege*, mit denen er die Existenz Gottes beweisen will, mit der Ausgangsannahme, dass Gott *nicht* existiert: »videtur quod Deus non sit« (I, qu. 2, art. 3). Und er führt eine Reihe von Gründen an, die den Atheismus als unmittelbar sich nahelegende Position erweisen: Gott ist ein »unendlich gutes Wesen [bonum infinitum]. Wenn Gott existierte, würde es daher kein Übel geben. Es gibt jedoch Übel auf der Welt. Also existiert Gott nicht.« (ebd.) Außerdem, so scheine es, verletze die Annahme eines übernatürlichen, transzendenten Gottes das ontologische Sparsamkeitsprinzip; denn alle Phänomene ließen sich natürlich erklären (»reducuntur in principium, quod est natura«; ebd.). Daher sieht Thomas *sich* – und nicht den Gottesleugner – in der Pflicht, seine Position zu rechtfertigen. Allerdings glaubt er mit den darauf folgenden Schritten, nämlich den Gottesbeweisen der *Quinque viae*, seiner Rechtfertigungspflicht genügen zu können (vgl. Bromand/Kreis: *Gottesbeweise*, 91 ff.). Am Ende des Weges *wissen* wir, dass Gott existiert. Auch wenn an dieser Stelle selbstverständlich der Konsens zwischen dem Theisten Thomas und Atheisten wie Flew endet, ist ihre bemerkenswerte Übereinstimmung hervorzuheben, was die Strukturierung des Disputs angeht. Den Theisten wird durch Flews Präsumtion des Atheismus jedenfalls kein ihnen fremdes Vorgehen aufgenötigt.

Wie bereits angedeutet, besteht ein zweiter Vorzug von Flews Grundidee darin, dass wir es, wenn die Behauptung der Nichtexistenz Gottes als Präsumtion expliziert wird, nicht mit einer dogmatischen, sondern argumentationstheoretisch reflektierten Variante des Atheismus zu tun haben. Entscheidend sind Flews Klarstellungen darüber, um welche Art von ›Vermutung‹ oder ›Annahme‹ es sich bei der Präsumtion des Atheismus handelt. Sie ist, wie Flew hervorhebt, keine beleggestützte Annahme, sie ist keine »assumption«, sondern eine »methodological presumption« (*The Presumption of Atheism*, 18). Gerechtfertigt ist die Privilegierung schwacher Annahmen vor starken Annahmen nicht durch konkrete Belege, die die jeweilige Annahme (in diesem Falle der Nichtexistenz Gottes) stützen, sondern durch eine allgemeine Verfahrensmaxime (»policy«), die wir befolgen müssen, um Irrtum zu vermeiden (21). Würden wir nämlich eine umgekehrte Beweislastverteilung vornehmen, also eine starke Annahme als Ausgangsposition des Disputs ansetzen und deren Kritikern die Pflicht auferlegen, diese zu widerlegen, wäre eine inflationäre Menge ungesicherter und irriger Existenzannahmen die Folge[15] – so wie auch Unschuldige verurteilt würden, wenn man in Strafprozessen die ›Schuldvermutung‹ (»presumption of guilt«; 21) zugrunde legen und dem Angeklagten die Beweispflicht für seine Unschuld aufbürden würde.

Ein dritter Vorzug der Anwendung des Präsumtionsprinzips in der Debatte über die Existenz Gottes ist darin zu sehen, dass mit ihm die agnostische Annahme einer Gleichstärke der Argumente für Theismus und Atheismus überwunden werden kann. Flew hat überzeugend gezeigt, dass Agnostiker die dialektische Konstellation in diesem Disput verzerren, indem sie behaupten: Wenn der Theist keine durchschlagenden Gründe für die Annahme der Existenz Gottes in den Händen hat und wenn (bzw. *weil*) der Atheist die Nichtexistenz Gottes nicht beweisen kann, ergibt sich ein Patt. Sie irren jedoch, wenn sie meinen, dass hier zwei ebenbürtige Positionen einander gegenüberstehen. Sie ignorieren nämlich die gültige und in anderen Zusammenhängen allgemein anerkannte Beweislastverteilungsregel, die von dem Vertreter der stärkeren These verlangt, diese zu begründen, und die Zurückweisung dieser These rechtfertigt, wenn ihm dies nicht gelingt. Also kann die agnostische Vorstellung eines Patts nicht aufrechterhalten werden. Wir müssen auf die Frage nach der Existenz Gottes anders reagieren als mit der Urteilsenthaltung, bei der der Agnostizismus es bewenden lässt, nämlich mit der präsumtiven Annahme der Nichtexistenz Gottes.

Aus atheistischer Perspektive ist Flews Position jedoch in einigen Hinsichten wenig befriedigend. Unnötig zu sagen, dass Atheisten, die seinen Überlegungen folgen, nicht ihr Maximalziel erreichen. Zwar haben wir, wenn wir einsehen, dass mangels valider Gottesbeweise die Präsumtion des Atheismus in Kraft bleibt, einen Grund, den Theismus nicht zu akzeptieren. Wir sind jedoch nicht in den Stand gesetzt, die positive Behauptung aufzustellen, dass Gott nicht existiert. Als »methodologische Präsumtion« (*The Presumption of Atheism*, 18) stützt die Präsumtion des Atheismus Flew zufolge allein den negativen Atheismus. Es stellt sich jedoch die Frage, ob sie *per se* auf die negative Variante des Atheismus festgelegt ist. Der von Flew selbst gegebene Hinweis auf Thomas von Aquin (27) deutet darauf hin, dass dies nicht der Fall ist. Ganz eindeutig ist bei Thomas die von Flew geforderte Strukturierung des Disputes im Sinne der Präsumtion des Atheismus anzutreffen. Auch bei ihm finden wir die initiale Privilegierung der schwächeren Annahme. Thomas beginnt mit der Exposition der Annahme, dass Gott nicht existiert, um dann mit Argumenten die Sache des Theismus stark zu machen. Die gegnerische Position, die Thomas im Auftakt der *Fünf Wege* skizziert, ist jedoch nicht als die Position eines Gottlosen, »who is simply not a theist«, also nicht als negativer Atheismus zu verstehen. Thomas präsentiert vielmehr nicht nur den von ihm verteidigten Theismus, sondern auch den Atheismus als eine metaphysische These, nämlich als die Behauptung, dass es nur die Immanenz der natürlichen Welt, aber keinen transzendenten Gott gibt. Diese entspricht genau Flews Definition des positiven Atheisten als jemand, »who positively asserts the non-existence of God« (14). Warum also sollte die Präsumtion des Atheismus nicht die assertorische Aussage begründen, dass Gott nicht existiert – genauso wie Wissenschaftler die robuste Behauptung aufstellen, dass homöopathische Medikamente *nicht* wirksam sind?

Es ist jedoch die Frage, ob aus dem Präsumtionsprinzip folgt, dass wir die Überzeugung, dass Gott nicht existiert, bilden *müssen*. Auch mit »der Forderung, die sog. Unschuldsvermutung zu hegen, wird ja kein Glauben«, sondern ein »Akzeptieren verlangt« (Kemmerling: *Glauben*, 60). Einen Freispruch zu akzeptieren, bedeutet lediglich, die durch ihn für das *Handeln* und die *öffentliche Rede* gesetzten Grenzen zu respektieren. Ausgeschlossen sind öffentliche Äußerungen, die dem Freigesprochenen die Tat zur Last legen. Aber der Umstand, dass der Angeklagte nicht der Tat überführt worden ist, schließt nicht aus, auf der Meinung zu beharren, dass er doch der Täter ist. Im Falle eines Urteils in einem Strafprozess *kann* die in einen Freispruch resultierende Unschuldsvermutung einen Beobachter zu der Überzeugung führen, dass der gerichtlich Freigesprochene unschuldig *ist* (und nicht nur als unschuldig *anzusehen* ist, wie die Rechtstexte sagen). Aber sie *muss* es nicht. Sie muss nur zu einem Akzeptieren führen. Dabei kann man es belassen und zugleich von der tatsächlichen Schuld des Angeklagten überzeugt sein. Übertragen wir diese Überlegung auf die Theismus-Atheismus-Debatte, so ergibt sich, dass das Präsumtionsprinzip nicht jede Form des Fürwahrhaltens ausschließt. Ein Theist, der seine Position nicht rechtfertigen kann, muss zwar einräumen, nicht zu *wissen*, dass Gott existiert. Aber er *kann* dies einräumen und dennoch an seinem *Glauben*, dass Gott existiert, festhalten. Eine solche Haltung ist nicht selten anzutreffen. Sie macht den Kern des Fideismus aus, der von Philosophen wie Pascal oder Kierkegaard vertreten wurde. Ihm zufolge sind die Lehren des Theismus nicht rational gerechtfertigt, aber doch *wahr* (und zudem, wie Pascal es sah, unter pragmatischen Gesichtspunkten vorzugswürdig). Eine solche fideistisch-agnostische Haltung ist mit einigen Formen des Theismus kompatibel. Gegen sie hat Flew keine Handhabe.

Allerdings erkennt auch ein Theist, der seine Überzeugungen außerhalb des religiösen Kontextes grundsätzlich auf eine rationale Weise bildet, das Präsumtionsprinzip an. Auch er wendet es an, wenn es um Hexen, das Ungeheuer von Loch Ness oder die Wirksamkeit der Homöopathie geht. Er *akzeptiert* nicht bloß, dass es derlei nicht gibt. Vielmehr weist er die betreffenden Behauptungen als *falsch* zurück. Vor diesem Hintergrund muss sich ein rationaler Theist eine eklatante Inkonsequenz vorhalten lassen, wenn er die Annahme der Existenz Gottes nicht begründen kann und die für sie ungünstige Evidenzlage anerkennt, sie aber gleichwohl für wahr hält. Denn statt das von ihm ansonsten anerkannte Präsumtionsprinzip konsequent anzuwenden, setzt er es in diesem Falle willkürlich außer Kraft. Rational dagegen ist die Haltung, die wir bei Thomas von Aquin antreffen: Die aus dem Präsumtionsprinzip folgende These der Nichtexistenz Gottes ist (*wenn* es keine validen Pro-Argumente gibt) nicht nur zu *akzeptieren*, sondern vorläufig für *wahr* zu halten, es sei denn, dass Argumente, also Gottesbeweise, die Präsumtion des Atheismus widerlegen. Doch solche Gottesbeweise sind bislang nicht entwickelt worden. Damit zwingt Flews Präsumtion des Atheismus den Theisten, der über keine durchschlagenden Argumente verfügt und doch auf seiner Position beharrt, zum Eingeständnis eines grundlosen, irrationalen Glaubens. Dagegen muss ein Atheist nicht argumentieren. Ein solches Eingeständnis kann er als Kapitulationserklärung seines Gegners entgegennehmen.

6 Bertrand Russells *teapot argument* gehört zu den populärsten Argumenten in den neueren Theismus-Atheismus-Debatten. Viele billigen ihm eine hohe Plausibilität, manche sogar die letale Durchschlagskraft eines »knockdown argument for atheism« zu (van Inwagen: *Russell's China Teapot*, 15). Andere haben massive Einwände gegen es erhoben oder es sogar als eklatanten Fehlschlag abgetan. Russell hat die Analogie einer extraterrestrischen Teekanne zwei Mal verwendet, um Klärungen in der Theismus-Atheismus-Debatte herbeizuführen. Zuerst finden wir sie in einer kurzen Passage seines 1952 verfassten Essays *Is there a God?* Wenige Jahre später hat er sie in seinem *Brief an Mr Major* (1958) aufgegriffen und mit zusätzlichen Erläuterungen versehen:

> (Version 1:) »Viele rechtgläubige Menschen reden so, als wäre es die Aufgabe derer, die überkommene Dogmen bezweifeln, diese zu widerlegen, und nicht die ihrer Anhänger, sie zu beweisen. Dies ist natürlich ein Fehler. Würde ich behaupten, zwischen Erde und Mars befinde sich eine Porzellan-Teekanne auf einer elliptischen Umlaufbahn um die Sonne, wäre niemand imstande, meine Behauptung zu widerlegen, vorausgesetzt, dass ich nicht versäumt hätte hinzuzufügen, dass die Teekanne zu klein ist, um selbst mit den stärksten uns zur Verfügung stehenden Teleskopen entdeckt werden zu können. Würde ich indessen weitergehen und sagen, aufgrund der Unmöglichkeit, meine Behauptung zu widerlegen, wäre es eine nicht hinzunehmende Anmaßung seitens der menschlichen Vernunft, sie in Zweifel zu ziehen [to doubt it], würde man zu Recht von mir denken, dass ich Unsinn von mir gebe.« (*Is there a God?*, 547 f.)

> (Version 2:) »Ich halte die Existenz des christlichen Gottes für keineswegs wahrscheinlicher als die Existenz der Götter des Olymps oder der von Walhalla. Um es auf eine andere Weise zu veranschaulichen: Niemand kann beweisen, dass zwischen der Erde und dem Mars keine Porzellan-Teekanne auf einer elliptischen Bahn kreist, aber niemand hält dies für hinreichend wahrscheinlich, um es in der Praxis in Betracht zu ziehen. Ich denke, der christliche Gott ist genauso unwahrscheinlich.« (*Letter to Mr Major*, 41 f.)

So plastisch und suggestiv Russells Vergleich der Annahme der Existenz Gottes mit der Behauptung der Existenz einer extraterrestrischen Teekanne auch ist, so stechen doch in beiden Versionen einige Unklarheiten ins Auge. Es verwundert daher nicht, dass verschiedene Interpretationen und Rekonstruktionen des Teekannen-Arguments in Umlauf sind. Das Grundgerüst des Gedankengangs wird jedoch zumeist wie folgt verstanden:

(1) Wer einen nicht-offensichtlichen/unwahrscheinlichen Sachverhalt behauptet, muss diese Behauptung rechtfertigen. Wer diesen Sachverhalt bestreitet, trägt nicht die Beweislast.
(2) Die Annahme eines nicht-offensichtlichen/unwahrscheinlichen Sachverhalts ist zu bestreiten, wenn es keine Belege für ihn gibt.
(3) Es gibt weder Belege *für* noch *gegen* die Existenz einer extraterrestrischen Teekanne.
(4) Die Existenz einer extraterrestrischen Teekanne ist extrem unwahrscheinlich.
(5) Aus (1)–(4) folgt, dass die Existenz einer extraterrestrischen Teekanne in Zweifel zu ziehen ist.
(6) Die Behauptung der Existenz Gottes ist der Behauptung der Existenz der Teekanne analog: Es gibt weder durchschlagende Belege *für* noch *gegen* sie.
(7) Die Existenz Gottes ist ebenso unwahrscheinlich wie die Existenz einer extraterrestrischen Teekanne.
(8) Die Theisten tragen die Beweislast.
(9) Die Theisten können ihrer Beweispflicht nicht genügen; sie verfügen über keine durchschlagenden Belege für die Existenz Gottes.
(10) Die Annahme der Existenz Gottes ist (genauso wie die Behauptung der Existenz der extraterrestrischen Teekanne) in Zweifel zu ziehen.[16]

Aufgrund der essayistischen und in einigen Details unklaren Form, in der Russell sein Argument vorgetragen hat, ist sein Beweisziel nicht ganz deutlich. Erhebt er, wie die Mehrzahl seiner Leser meint, den Anspruch, mithilfe der Teekannen-Analogie die Nichtexistenz Gottes bewiesen zu haben? Oder verfolgt er das bescheidenere Ziel, den Agnostizismus zurückzuweisen?

Offensichtlich war es *ein* Anliegen Russells zu zeigen, dass im Hinblick auf die Existenz Gottes eine agnostische Haltung unangebracht ist. Genau so, wie wir die Frage nach der Existenz einer extraterrestrischen Teekanne nicht in der Schwebe lassen, sollten wir es auch mit der Frage nach der Existenz Gottes halten. In diese Richtung weist auch der gedankliche Kontext, in den Version 2 eingebettet ist. Unmittelbar vor der einschlägigen Passage des *Briefs an Mr Major* stellt Russell Überlegungen zu der Frage an, ob man ihn »als einen Agnostiker bezeichnen« sollte. Er gibt einige Beispiele für Fragen, zu denen er tatsächlich eine agnostische Position bezieht. Bezüglich der Frage nach der Realität der Außenwelt oder der Frage, ob »die Welt vielleicht erst seit fünf Minuten besteht«, ist seine Antwort eindeutig: »I ought to call myself an agnostic« (41). Anders bei der Frage nach der »Existenz des christlichen Gottes«. *Diese* Frage hält er nicht in der Schwebe, sondern bezieht die Position eines »Atheisten« (ebd.). Denn erstens: Weder Theisten (und Teekannen-Gläubige) noch Atheisten (und Teekannen-Leugner) verfügen über durchschlagende Belege für ihre jeweilige Position; das sieht der Agnostiker nicht anders als Russell. Zweitens: Die Behauptung, nicht aber die Bestreitung der Existenz Gottes ist begründungsbedürftig. Theismus und Atheismus stehen sich nicht ebenbürtig gegenüber. Die agnostische Annahme eines Patts wird diesem Umstand nicht gerecht. Wir sind vielmehr gerechtfertigt, den Theismus, auch wenn er durch diesen Gedankengang nicht widerlegt ist, »in Zweifel zu ziehen« (s. Anm. 16). Die Überwindung des Agnostizismus gelingt also mit Hilfe des Teekannen-Arguments.

Aber leistet das Teekannen-Argument womöglich doch mehr als eine Zurückweisung des Agnostizismus? Ist es *für sich genommen* ein Beweis des Atheismus? Anders als viele Atheisten, die auf es zurückgreifen, hat Russell selbst das wohl nicht so gesehen. Dafür spricht, dass die Teekannen-Analogie in dem Essay *Is there a God?* in eine komplexe Argumentation eingebettet ist, in der die Widerlegung des Theismus auf andere Argumente, insbesondere den Theodizee-Einwand (547), gestützt wird. In diese Richtung weist auch eine auffällige Formulierung in Russells *Brief an Mr Major*. Die Konklusion des Teekannen-Arguments lautet dort: »for all practical purposes, I am an atheist« (41). Der Theismus ist in praktischen Zusammenhängen zu verwerfen, kann aber nach Maßgabe strenger theoretischer Rechtfertigungskriterien (»in philosophical strictness«, ebd.) nicht als widerlegt gelten.

Tatsächlich ist die Eignung der aus ihrem ursprünglichen argumentativen Zusammenhang herausgelösten Teekannen-Analogie als ein durchschlagender anti-theistischer Einwand durchaus fraglich. So wurde darauf aufmerksam gemacht, dass wir es hier mit einem Schulbeispiel für einen problematischen Argument-Typ, nämlich mit einem *argumentum ad ignorantiam*, zu tun haben. Seine Struktur ist in Kürze so wiederzugeben: (1) Wenn *p* der Fall ist, weiß ich das. (2) Ich weiß es jedoch nicht (habe keinen Beleg dafür), dass *p*. (3) Also ist *p* nicht der Fall. Tatsächlich nimmt Russell das »Nichtvorhandensein von Belegen für das Bestehen des Sachverhalts« (*absence of evidence*) als »Beleg für das Nichtbestehen des Sachverhalts« (*evidence of absence*). Wir haben es also mit einem *argumentum ad ignorantiam* zu tun. Aber macht Russell sich damit eines Fehlschlusses schuldig? In manchen Fällen handelt es sich bei *Ad-ignorantiam*-Argumenten tatsächlich um Fehlschlüsse. So folgt aus dem Umstand, dass ich keine Gründe kenne, die gegen meine Überzeugung sprechen, nicht ohne weiteres, dass diese wahr ist. Es gibt jedoch durchaus korrekte Beispiele dieses Argumenttyps.[17] Mit dem bloßen Hinweis darauf, dass wir es mit einem *argumentum ad ignorantiam* zu tun haben, lässt sich Russells Argument daher nicht entkräften.

Gegen Russells Argument wurde des Weiteren eingewandt, dass er einen *sehr* speziellen Fall, in dem dieses Argument korrekt angewendet werden kann, unzulässig auf die Frage nach der Existenz Gottes übertragen hat. Dass *Ad-ignorantiam*-Argumente ›weit hergeholte‹ (»far-fetched«) Annahmen zu Fall bringen können, ist unkontrovers. Die extraterrestrische Teekanne ist wie das fliegende Spaghetti-Monster in der Tat »manifestly far-fetched« (Garvey: *Absence of Evidence*, 17). In solchen Fällen habe ich, indem ich das »Nichtvorhandensein von Belegen« (*absence of evidence*) feststelle, einen »Beleg für das Nichtbestehen des Sachverhalts« (*evidence of absence*) in der Hand. Anders verhält es sich in folgendem Fall: Unterwegs in einer mir unbekannten Stadt, habe ich keinen Grund anzunehmen, dass sich in der übernächsten Querstraße ein Briefkasten befindet. Aber selbstverständlich rechtfertigt dies nicht die Annahme, dass dort *kein* Briefkasten steht. In diesem Falle ist die *absence of evidence* keine *evidence of absence*. Sie ist es auch nicht im Falle der in Frage stehenden Existenz Gottes, die keineswegs so ›weit hergeholt‹ ist wie die Rotation der Teekanne zwischen Erde und Mars. Denn Theisten führen ja durchaus Anhaltspunkte – etwa religiöse Erfahrung; Swinburne: *Is there a God?*, 133 ff. – für ihre Überzeugung ins Feld (wie auch immer man diese nach eingehender Prüfung einschätzen mag). Die Parallelisierung Gottes mit der Teekanne, deren Existenz grundlos behauptet wird, ist also irreführend. Aber ohne sie funktioniert das Argument nicht, das sich, wie Russell im *Brief an Mr Major* hervorhebt, auf die Annahme stützt, »der christliche Gott sei genauso unwahrscheinlich [just as unlikely]« wie die extraterrestrische Teekanne (41 f.).

Es gibt jedoch eine oft übersehene Bemerkung Russells im Anschluss an Version 1 seines Arguments, die sich wie eine vorweggenommene Antwort auf diesen Einwand liest. Russell macht darauf aufmerksam, dass die Qualifizierung einer religiösen Vorstellung als ›weit hergeholt‹ oder aber ›nicht weit hergeholt‹ in nicht unerheblichem Maße von kontingenten, insbesondere kulturellen Faktoren abhängt:

> »Nehmen wir an, die Existenz einer solchen Teekanne wäre durch altehrwürdige Bücher beglaubigt, sie würde jeden Sonntag als heilige Wahrheit gepredigt und in der Schule in die Köpfe der Kinder eingeflößt, dann wäre es bereits ein Zeichen von Verschrobenheit, wenn jemand auch nur zögern würde, an die Existenz [dieser Teekanne] zu glauben, was zur Folge hätte, dass ein solcher Zweifler in einem aufgeklärten Zeitalter ein Fall für den Psychiater bzw. in einer früheren Epoche ein Fall für den Inquisitor wäre.« (*Is there a God?*, 548)

Die kulturelle Verankerung und Stabilisierung religiöser Vorstellungen durch Sozialisation und Erziehung hat offensichtlich einen erheblichen Einfluss darauf, ob diese als ›weit hergeholt‹ eingestuft werden oder aber nicht. Heute erscheint uns die Annahme, Zeus wohne auf dem Olymp, abwegig. Aber genauso abwegig und weit hergeholt würde einem Zeitgenossen Homers die Vorstellung des standardtheistischen Gottes, die uns durch die abrahamitischen Religionen vertraut ist, erschienen sein, und so ließe sich der *farfetchedness*-Einwand relativieren. Aber trifft dieser Einwand nicht trotzdem einen echten Schwachpunkt von Russells Argument? Ist es bei unbefangener Betrachtung nicht plausibel zu sagen, dass die Teekannen-Analogie tatsächlich weit hergeholt ist, während dies beim Theismus nicht der Fall ist? Diese vage Plausibilitätseinschätzung lässt sich präzisieren und erhärten, wenn wir die Russell-Kritik des christlichen Philosophen Peter van Inwagen (*Russell's China Teapot*) heranziehen.

Van Inwagen verweist auf mehrere aus seiner Sicht gravierende Schwächen des Russell'schen Arguments, die hier nicht zur Sprache kommen sollen, damit ein genauerer Blick auf seinen Haupteinwand geworfen werden kann. Dieser bezieht sich allein auf Version 1 des Arguments. Den ersten Schritt, der die Teekanne betrifft, rekonstruiert er wie folgt:

(1) Es gibt keinen Grund anzunehmen, dass sich eine Teekanne auf einer Umlaufbahn zwischen Erde und Mars befindet.
(2) Also ist in Zweifel zu ziehen, dass sich eine Teekanne auf einer Umlaufbahn zwischen Erde und Mars befindet (van Inwagen: *Russell's China Teapot*, 22).

Der Schluss von ›Es gibt keinen Grund anzunehmen, dass *p*‹ auf ›Es ist in Zweifel zu ziehen, dass *p*‹ ist jedoch offensichtlich fehlerhaft. Van Inwagen macht das mit folgendem einfachen Beispiel klar:

(1) Es gibt keinen Grund anzunehmen, dass die nächste von einem Stapel verdeckter Spielkarten genommene Karte schwarz ist.
(2) Deshalb ist in Zweifel zu ziehen, dass die nächste vom Stapel genommene Spielkarte schwarz ist. (11).

Das ist natürlich ein unzulässiger Schluss. Es lässt sich ja nur sagen, dass es *ungewiss* ist, ob die nächste Spielkarte schwarz ist. Da ein derart eklatanter Fehler, so van Inwagen, dem Logiker Russell sicherlich nicht unterlaufen ist, liegt es nahe, das in Version 1 präsentierte Argument als ein Enthymem (*Russell's China Teapot*, 24) zu verstehen, also als einen unvollständigen Syllogismus, der um eine Prämisse zu ergänzen ist. Die hinzugefügte Prämisse betrifft die Ausgangswahrscheinlichkeit (»prior probability«, 23) der zur Diskussion stehenden Annahme. Die Ausgangswahrscheinlichkeit einer Annahme zu bestimmen, heißt unter anderem, *vor* der Prüfung der für und gegen sie sprechenden Gründe (25) anzugeben, inwieweit diese mit unserem Wissen von der Welt verträglich ist (vgl. Swinburne: *Die Existenz Gottes*, 60 ff.). Das Argument Russells ist nach van Inwagen also wie folgt zu vervollständigen:

(1) Die Ausgangswahrscheinlichkeit der Annahme, dass *p*, ist verschwindend gering.
(2) Es gibt keinen Grund anzunehmen, dass *p*.
(3) Also ist in Zweifel zu ziehen, dass *p*. (*Russell's China Teapot*, 24)

Wenn nun *p* für die Teekannen-Hypothese steht, ist die erste Prämisse, so räumt van Inwagen ein, wahr. Die Ausgangswahrscheinlichkeit der Teekannen-Hypothese ist ja tatsächlich »verschwindend gering [vanishingly small]«, »so gut wie Null« (19). Denn wie könnte die Teekanne in ihre extraterrestrische Umlaufbahn gelangt sein? Man führe sich nur vor Augen, welch absurde Geschichten (»teapot origin stories«, 19 f.) man sich ausdenken müsste, um dies auch nur einigermaßen plausibel zu machen. Etwa dass Außerirdische die Teekanne auf der Erde entwendet und in der Umlaufbahn platziert haben (19), oder andere absurde Annahmen, die, vorsichtig gesagt, nur schwer mit unserem Hintergrundwissen von der Welt vereinbar sind. Die Teekannen-Hypothese ist also *von vornherein* extrem unwahrscheinlich.

Nun besteht die Pointe des Teekannen-Arguments in der Übertragung der Bestimmung der Ausgangswahrscheinlichkeit der Teekannen-Hypothese auf die Annahme der Existenz Gottes.[18] Aber mit welchem Recht kann man behaupten, die theistische Annahme sei gleichfalls *von vornherein* extrem unwahrscheinlich? Gläubige berufen sich doch beispielsweise auf religiöse Erfahrungen, und diese verleihen ihrem Glauben eine zwar nicht quantifizierbare, aber doch sicherlich über Null liegende *Ausgangs*-Wahrscheinlichkeit. Zwar mögen sich diese Erfahrungen bei *anschließender* genauer Prüfung als Täuschung herausstellen, aber man kann sicher nicht behaupten, dass sie *von vornherein* unglaubwürdig sind. *Dass* der Theismus nun aber eine Nahe-Null-Ausgangswahrscheinlichkeit besitzt, ist eine tragende Säule von Russells Argument. Version 2 sagt dies mit klaren Worten: Der »christliche Gott ist genauso unwahrscheinlich« wie die Teekanne zwischen Erde und Mars (*Brief an Mr Major*, 41 f.). Indem Russell Gott mit der Teekanne parallelisiert, weist er dem Theismus eine gleichfalls minimale Wahrscheinlichkeit zu. Dazu ist er jedoch, so van Inwagen, nicht berechtigt, denn er bleibt uns hierfür jede Begründung schuldig (*Russell's China Teapot*, 25) – und damit scheitert sein Argument, wenn es über die Zurückweisung des Agnostizismus hinaus die Nichtexistenz Gottes beweisen soll. Denn es kommt ohne den durch die Teekannen-Analogie ausgedrückten Gedanken der Beinahe-Null-Ausgangswahrscheinlichkeit des Theismus nicht zum Ziel. Das *teapot argument* krankt also nicht bloß an einer unangemessenen Veranschaulichung mithilfe eines irreführenden Bildes, es ist in der Sache ein Fehlschlag.

Der Gewinn, den die theistische Seite aus van Inwagens Entkräftung des Teekannen-Arguments ziehen kann, muss allerdings eher gering veranschlagt werden. Denn durch seine Überlegung werden auch nicht-standardtheistische Gottesvorstellungen gegen Russells Kritik immunisiert. Die Existenz von Zeus oder Wotan oder des von Hume ins Spiel gebrachten Gottes mit beschränkter Macht und Intelligenz und ohne moralische Eigenschaften (s. u. S. 65) mag eine geringe Wahrscheinlichkeit besitzen. Aber was laut van Inwagen für den Standardtheismus gilt – dass ihm keine Beinahe-Null-Wahrscheinlichkeit zugewiesen werden kann –, muss auch solchen Nicht-Standard-Religionen zugebilligt werden, es sei denn, es ließe sich angeben, *welche* Wahrscheinlichkeit sie besitzen und dass sie geringer als die des Standardtheismus ist (vgl. Daly: *Agnosticism*, 8). Darüber gibt van Inwagen jedoch keine Auskunft. Dieser Aspekt ist im Hinblick auf die apologetische Zielsetzung des christlichen Philosophen van Inwagen ausgesprochen ungünstig. Der Erfolg seiner Entkräftung des Teekannen-Arguments wird hierdurch jedoch nicht geschmälert.

Russells Überlegungen stellen tatsächlich den Agnostizismus erfolgreich in Frage. Denn sie zeigen, dass die Haltung des Agnostikers, der von einem Patt zwischen Theismus und Atheismus ausgeht und auf dieses mit Urteilsenthaltung reagiert, der hier vorliegenden dialektischen Konstellation nicht gerecht wird. Nimmt man das Teekannen-Argument jedoch als Versuch einer Begründung des Atheismus, ist seine Untauglichkeit unübersehbar. Die Parallelisierung Gottes mit einer extraterrestrischen Teekanne ist irreführend, denn der Theismus besitzt nicht, wie hierdurch insinuiert wird, eine Ausgangswahrscheinlichkeit nahe Null. Er ist nicht »genauso unwahrscheinlich« wie die Annahme, es gebe jene Teekanne (*Brief an Mr Major*, 41 f.). Daher ist nicht zu sehen, wie das *teapot argument* als ein für sich genommen tragfähiges Argument für den Atheismus zu retten wäre.

7 Wäre also, um van Inwagens Kritik aus dem Wege zu gehen, eine Modifikation des Teekannen-Arguments in Erwägung zu ziehen, die seinen *Geist* bewahrt, aber in Abweichung von Russells *Text* überflüssige bzw. problematische Elemente ausscheidet, gegebenenfalls weitere Prämissen ergänzt und es so besser zur Geltung bringt? In diesem Sinne sind einige in späterer Zeit entwickelte Argumente als »echo[es] of Russell« verstanden worden (Daly: *Agnosticism*, 11). Klar ist, dass *ein* Element des ursprünglichen Russell-Arguments kein Bestandteil einer revidierten Version sein kann: die Parallelisierung Gottes mit einer extraterrestrischen Teekanne und die durch sie symbolisierte Zuweisung einer Nahe-Null-Ausgangswahrscheinlichkeit an den Theismus. Tatsächlich kann man auf die von van Inwagen zu Recht beanstandete Unterstellung einer *close-to-zero*-Wahrscheinlichkeit des Theismus verzichten. Sie ist keine tragende Säule eines *argumentum ad ignorantiam* gegen den Theismus. Auch in anderen Kontexten sind Aussagen über die Ausgangswahrscheinlichkeit der jeweils in Frage stehenden Behauptung keine notwendigen Elemente von *Ad-ignorantiam*-Argumenten. Douglas Walton (*Nonfallacious Arguments from Ignorance*, 381) zeigt dies anhand eines unstrittigen Beispiels:

(1) Wenn wir nicht wissen, dass *p* (wenn wir durch gründliche Suche nach Belegen eine vollständige Wissensbasis gesichert haben und keinen Beleg für *p* kennen), besteht *p* nicht.
(2) Wir haben kein Wissen darüber, dass Medikament X gesundheitsgefährdend ist (es ist trotz gründlicher Suche kein Beleg für eine Gesundheitsgefährdung durch das Medikament X gefunden worden).
(3) Also besteht keine Gesundheitsgefährdung durch das Medikament X.

Dass die Gesundheitsgefährdung nur eine minimale oder Beinahe-Null-Wahrscheinlichkeit besäße, ist *keine* Prämisse, von der dieses Argument Gebrauch macht. Ganz im Gegenteil: Solche Untersuchungen werden ja durchgeführt, weil gesundheitliche Risiken *nicht unwahrscheinlich*, also mehr als nur logisch möglich sind. Gültig ist dieses Argument natürlich nur, wenn nach gründlicher Suche alle relevanten Fakten bekannt sind. Ist eine solche vollständige Wissensbasis (»complete knowledge base«) gegeben, können wir daraus, dass wir keine Belege dafür haben, also nicht wissen, dass *p*, schließen, dass *p* falsch ist (Walton: *Nonfallacious Arguments*, 381). Die Konklusion, zu der ein solches *argumentum ad ignorantiam* gelangt, ist vorläufig, also prinzipiell offen für Korrekturen (383). Die Annahme *p* ist nicht *unkorrigierbar* falsch, sie ist *auf der Grundlage des vorliegenden Wissens* als falsch zurückzuweisen (382). Auf diese Weise kommen *Ad-ignorantiam*-Argumente in vielen Bereichen sinnvoll zum Einsatz, in denen keine direkten Beweise mittels »hard evidence« möglich sind (384).

Manche Autoren setzen in der Theismus-Atheismus-Debatte auf diese Strategie. Die Nichtexistenz Gottes lässt sich nicht durch *hard evidence* beweisen. Es lässt sich jedoch ein *argumentum ad ignorantiam* gegen den Theismus ins Feld führen, das ohne die problematische Zuweisung eines Wahrscheinlichkeitswertes an die Annahme der Existenz Gottes auskommt:

(1) Wir wissen nicht, dass *p* (wir haben keinen beweiskräftigen Beleg für die Annahme, dass *p*).
(2) Es besteht eine Asymmetrie zwischen *p* und $\neg p$. Wer *p* behauptet, trägt die Beweislast.
(3) Also $\neg p$.[19]

Prämisse (1) trifft auf den Theismus offensichtlich zu: Es gibt (bislang) keine durchschlagenden und allgemein akzeptierten Gottesbeweise. Wie steht es mit der Asymmetrie, von der in Prämisse (2) die Rede ist? Sie liegt nur in besonderen Fällen vor. Bei dem Gegenbeispiel, das van Inwagen gegen Russell ins Spiel bringt (›Die nächste Karte wird rot sein‹/›Die nächste Karte wird schwarz sein‹), besteht sie natürlich nicht. Auch in vielen anderen Fällen liegt keine klare Beweislastverteilung vor. So wäre es etwa, wenn es um die Frage geht, ob es auf dem Saturn Edelmetalle gibt, abwegig, einer der beiden in dieser Frage dissentierenden Parteien die Beweislast aufzubürden (vgl. Daly: *Agnosticism*, 14). Bei der Annahme der Existenz Gottes ist das anders. Dass *sie* – und nicht der Atheismus – die stärkere und folglich rechtfertigungspflichtige Annahme ist, liegt auf der Hand und wird auch von Theisten wie Thomas von Aquin anerkannt (s. o. S. 32). Daher ist, so Hanson, das Scheitern der Suche nach Belegen für die Existenz Gottes ein Grund, diese zu bestreiten: »looking and not finding [...] constitute grounds for denying the existence of God« (*What I Do not Believe*, 323). Hanson stellt mit einer *reductio ad absurdum* klar, dass wir diese Konklusion akzeptieren müssen: Täten wir dies nicht, wären Tür und Tor für beliebige Existenzannahmen geöffnet: »Wenn das Scheitern der Suche nach Belegen [looking and not finding] uns nicht dazu berechtigen würde, die Existenz Gottes zu bestreiten, dann wäre das Scheitern der Suche nach Belegen auch keine Rechtfertigung für die Bestreitung der Existenz von Kobolden, Hexen, Teufeln [...], des Weihnachtsmanns usw.« (ebd.). Auch wenn dieses Argument in manchen Hinsichten an Antony Flews in 1.5 dargestellte Position erinnert, geht es doch über dessen *presumption of atheism* hinaus, die lediglich einen *negativen* Atheismus zu sichern beansprucht. Aus Hansons und Mions Sicht dagegen rechtfertigt es den positiven Atheismus. Diese Zuversicht erscheint allerdings in einem zweifelhaften Licht angesichts der Tatsache, dass Theisten durchaus Gründe für ihre Position ins Feld führen, die (wie etwa die Berufung auf religiöse Erfahrung) zwar womöglich letzten Endes nicht durchschlagend, aber doch – anders als der Glaube an Kobolde oder den Weihnachtsmann – *prima facie* nicht abwegig sind. Auch wenn diese Gründe nicht durchschlagend sind und letztlich einer Prüfung nicht standhalten, wäre der Theismus zunächst – anders als der Glaube an Kobolde oder den Weihnachtsmann – gegebenenfalls doch rational zulässig.

8 Es soll daher ein abschließender Blick auf ein ähnliches, aber erweitertes *Ad-ignorantiam*-Argument gegen den Theismus geworfen werden. Genauer: Es geht um den Kern von mehreren Varianten eines Arguments, die sich in einigen hier zu vernachlässigenden Details voneinander unterscheiden. Gemeinsam ist ihnen, dass aus dem Faktum des verbreiteten Unglaubens auf die Nichtexistenz Gottes geschlossen wird: Würde Gott existieren, hätte er die Menschen in den Stand gesetzt, zur Überzeugung von seinem Dasein zu gelangen. Aber das ist nicht der Fall. Also existiert Gott nicht.

Zuerst wurde dieses Argument (ohne terminologisches Etikett) von Michael Scriven entwickelt; Theodore M. Drange nennt es »argument from non-belief«, Walter Sinnott-Armstrong begnügt sich mit der allgemeinen Kennzeichnung »argument from ignorance«. Am häufigsten ist in der Literatur vom *Divine Hiddenness*-Argument die Rede. Die mit dieser Etikettierung zum Ausdruck gebrachte Anknüpfung an John L. Schellenbergs Buch *Divine Hiddenness and Human Reason* (1993) ist jedoch nicht sehr glücklich. Denn Schellenberg hat dieses Argument in eine religionsphilosophische Theorie eingebettet, die er scharf vom Atheismus abgrenzt[20] und als Alternativ-Religion präsentiert. Um diesen »ultimism«, in dessen Zentrum die Annahme einer »eine metaphysisch, axiologisch und soteriologisch ›Letzten Realität‹« steht[21], wird es weiter unten (5.3) gehen. Das nun zu diskutierende Argument hat damit nichts zu tun und ist daher nicht als ›*Divine-Hiddenness*-Argument‹, sondern passender als ›Argument aus dem Unglauben‹ zu bezeichnen. Es verdient an dieser Stelle Aufmerksamkeit, weil es durch eine von Hanson und Mion nicht in Betracht gezogene Zusatzprämisse wesentlich verstärkt worden ist. Es mag sich hierbei um ein »echo of Russell« (Daly: *Agnosticism*, 11) handeln; auf jeden Fall erinnern die ersten Schritte des Gedankengangs an das Teekannen-Argument. Was bei Russell die Teekanne, ist bei Scriven der Weihnachtsmann:

> »Zu glauben, dass etwas existiert, ohne dafür einen Beleg [evidence] zu haben, ist zwar ein weniger schwerwiegender Fehler als der Glaube an etwas, das wohlbegründeten Gesetzen widerspricht, und doch ist es schlicht irrational, insofern es ganz einfach darauf hinausläuft, Zustimmung zu geben, wo sie nicht gerechtfertigt ist. Daher ist, sofern es keine Belege gibt, die eigentliche Alternative nicht die bloße Urteilsenthaltung [mere suspension of belief], z. B. bezüglich des Weihnachtsmanns, sondern Unglaube [disbelief].«[22]

Wenn es keine Belege für die Existenz einer Entität, in diesem Falle Gottes, gibt, ist zwar die richtige Haltung Unglaube. Allerdings lässt sich so nur die »Wahrscheinlichkeit [likelihood]« aufzeigen, dass diese Entität nicht existiert. Eine »vollgültige Rechtfertigung [complete justification]« des Atheismus ist dies nicht, solange wir nicht wissen, dass unsere Wissensbasis vollständig ist. Scriven hat das Argument daher wie folgt ergänzt:

(1) Gottes Existenz impliziert, dass er »Spuren [traces]« seiner Existenz hinterlassen hat.
(2) Es gibt aber keine Spuren, d. i. Belege für seine Existenz.
(3) Also ist seine Existenz zu bestreiten.[23]

Der Gott des Standardtheismus (und der abrahamitischen Religionen) ist ein Wesen, das entsprechende ›Spuren‹ hinterlassen würde. Er steht seinen menschlichen Geschöpfen nicht beziehungslos gegenüber und verhält sich nicht gleichgültig zu ihnen. Im Gegenteil, er ist ihnen in vielfacher Weise zugewandt, etwa durch seine Vorsehung, und, worauf es an dieser Stelle ankommt, er will von ihnen erkannt, anerkannt und verehrt werden (Drange: *The Argument from Non-Belief*, 419). Die Zugewandtheit Gottes zu den Menschen wird in den landläufigen Definitionen des standardtheistischen Gottesbegriffs zwar nicht immer explizit genannt. Sie ist aber ein notwendiges begriffliches Merkmal dieser Gottesvorstellung. Denn zum einen ist sie aus seiner Allgüte abzuleiten (vgl. Schellenberg: *Divine Hiddenness and Human Philosophy*, 18). Zum anderen ist sie zur Abgrenzung von nicht-standardtheistischen Gottesvorstellungen unerlässlich, etwa dem von Hume ins Spiel gebrachten moralisch indifferenten Gott (unten S. 65) oder den Göttern Epikurs, die weitab der Menschenwelt in den sogenannten Zwischenwelten zwischen den Universen leben und sich nicht um die Geschicke der Menschen kümmern. Dagegen ist es ein wesentliches Element des Standardtheismus, dass Gott eine Beziehung mit den Menschen unterhält und ihnen daher Mittel an die Hand gegeben hat, mit denen sie die Überzeugung bilden können, dass er existiert. Dazu besitzen sie nach theistischer Auffassung die Vernunft, und es gibt Belege, aus denen sie sein Dasein erschließen können. Diese Belege sind die ›Spuren‹, die Gott hinterlassen haben müsste.

Tatsächlich aber hat er keine Spuren hinterlassen, die alle oder die Mehrzahl der Menschen in die Lage versetzen, die begründete Überzeugung zu bilden, dass er existiert. Dass unzählige Menschen nicht zur Gotteserkenntnis gelangen, sondern an ›falsche‹ Götter, an eine Vielzahl von Göttern oder an gar keinen Gott glauben, ist ein unbestreitbares und auch von Theisten nicht bestrittenes Faktum. Wir haben es mit einem korrekten *argumentum ad ignorantiam*[24] zu tun: Der Begriff des standardtheistischen Gottes impliziert, dass alle oder die meisten Menschen den Glauben haben, dass er existiert. Wenn – und das ist der Fall – Gottes Existenz nicht allen oder den meisten Menschen bekannt ist, folgt, dass Gott nicht existiert (Drange: *The Argument from Non-Belief*, 418). Damit ist zwar kein globaler, wohl aber ein lokaler Atheismus begründet, der besagt, dass der Standardtheismus falsch ist.

Es ist nicht leicht zu sehen, welche Verteidigung gegen das Argument aus dem Unglauben vorgebracht werden könnte, die auf Ad-hoc-Annahmen verzichtet und von Prämissen, die von allen Disput-Teilnehmern geteilt werden, ausgeht. Aber natürlich *sind* von theistischer bzw. theologischer Seite etliche Versuche unternommen worden, dieses Argument zu entkräften. Einige von ihnen erweisen sich auf den ersten Blick als untauglich, so etwa die traditionelle christliche (offenbarungstheologische) Lösung dieses Problems, die die große Zahl der Un- oder Irrgläubigen mit der Beschädigung bzw. ›Verfinsterung‹ der menschlichen Vernunft durch den Sündenfall erklärt. Sie setzt ja die göttliche Offenbarung in der Bibel, durch die allein wir von dem Sündenfall wissen können, voraus – aber die Existenz des göttlichen Urhebers der Offenbarung steht ja gerade in Frage. Andere theologische Lehren wie die von einem *deus absconditus* beruhen gleichfalls auf offenbarungstheologischen Vorgaben. Erwägungen wie die, dass Gott den Unglauben bzw. Irrglauben einer großen Zahl von Menschen »verursacht«[25] hat oder dass er nur mit wenigen Menschen eine enge Beziehung (»deep attachment«) unterhalten will (Jordan: *The Topography of Divine Love*, 67), muten wie frivole Blasphemien an, sind aber tatsächlich von christlichen Religionsphilosophen ersonnen worden. Eine weitere Antwort ist die sogenannte ›pluralistische Theologie der Religionen‹ (Schmidt-Leukel: *Gott ohne Grenzen*) bzw. der ›religiöse Pluralismus‹. Ihr prominentester Vertreter ist John Hick (*Religious Pluralism*). Danach haben wir es mit einem veritablen »Universum« von Glaubensvarianten zu tun (*God and the Universe of Faiths*), von denen keine einen Ausschließlichkeitsanspruch auf Wahrheit erheben darf. Nicht-standardtheistische Überzeugungssysteme, also etwa die nicht-abrahamitischen Religionen, sind nicht als Irrtümer abzuqualifizieren. Ihren Vertretern ist nicht abzusprechen, dass auch sie wahre Überzeugungen von Gott haben. So lieblich der Titel von Hicks letztem Buch – *The Rainbow of Faiths* – auch klingt, die pluralistische Religionstheologie ist unter Theologen der christlichen Konfessionen hochumstritten (Schwager: *Christus allein?*), und das aus naheliegenden Gründen. Offensichtlich konfligiert sie mit dem Wahrheitsexklusivismus, der den abrahamitischen Religionen wesentlich ist. Vor allem aber mutet der religiöse Pluralismus uns zu, inhaltlich miteinander unverträgliche Lehren als gleichermaßen wahr anzuerkennen. Hinzu kommt, dass der religiöse Pluralismus nur die Verbreitung *irriger* Gottesvorstellungen integrieren könnte, aber nicht den Umstand, dass viele Menschen an *gar keinen* Gott glauben. Man müsste also wohl noch einen Schritt weiter gehen und in Anknüpfung an Karl Rahners Idee eines ›anonymen Christentums‹ annehmen, dass Atheisten in Wirklichkeit ›anonyme Theisten‹ sind. Tatsächlich ist in der Geschichte der Religionsphilosophie die Auffassung vertreten worden, ausnahmslos alle Menschen verfügten über eine angeborene ›natürliche Gotteserkenntnis‹. Diese empirisch abwegige These wurde durch nicht minder gewagte Zusatzannahmen gestützt: Atheisten seien entweder »Heuchler [athei hypocritae]«, die bloß vorgeben, nicht an Gott zu glauben, oder aber »monströse Verbrecher [monstra]«, die das zu ihrer ursprünglichen mentalen Ausstattung gehörende Wissen um die Existenz Gottes in sich abgetötet haben, um ungestört ein unmoralisches – ›gottloses‹ – Leben führen zu können (vgl. Schröder: *Ursprünge des Atheismus*, 73 f.; Spiekermann: *Der Gottlose*, 45 ff.). Die eklatante Absurdität dieser apologetischen Bemühungen ist eine indirekte, aber starke Bestätigung des Arguments aus dem Unglauben.

Den zuvor in diesem Kapitel diskutierten Argumenten ist das Argument aus dem Unglauben in einigen Hinsichten überlegen. Es macht keinen Gebrauch von Beweislastverteilungsüberlegungen, die zwar, wie oben zu zeigen versucht wurde (S. 24 ff.), im Streit um Existenzannahmen die Präsumtion der jeweils schwächeren Annahme – in diesem Falle des Atheismus – rechtfertigen, aber in den einschlägigen Debatten nicht unumstritten sind (vgl. Oppy: *Atheism*, 122 f.). Ob der Atheismus die schwächere These ist, deren Verfechter von der Beweispflicht entbunden sind, oder aber der Agnostizismus, ist seit Flews *The Presumption of Atheism* Gegenstand von Diskussionen, die ins Uferlose gehen. Hinzu kommt die Frage, ob sich durch die Anwendung des Präsumtionsprinzips für die atheistische Partei in dieser Debatte überhaupt etwas Wesentliches ändert. Dieses Prinzip verlangt eine bestimmte Strukturierung des Disputs über die Existenz Gottes, indem es deren Negation als Ausgangsposition bestimmt. Die weiteren Schritte, die ein Atheist in dem anschließenden Schlagabtausch zu tun hat, unterscheiden sich jedoch in nichts von den Kontroversen, in denen das Präsumtionsprinzip nicht zugrundegelegt wird: In jedem Falle hat der Atheist die Gründe für den Theismus zu prüfen und zu entkräften. Zudem ist das Argument aus dem Unglauben nicht auf die (wie die Diskussionen über Russells Teekannen-Argument zeigen) heikle Zuweisung einer minimalen Ausgangswahrscheinlichkeit an die Annahme der Existenz Gottes angewiesen. Schließlich ist es nicht mit einer Schwierigkeit belastet, die zu Recht an einfachen *Ad-ignorantiam*-Argumenten (1.7) moniert wurde. Die Feststellung des Fehlens von Belegen für einen Sachverhalt (*absence of evidence*) kann ja nur dann als Beleg für dessen Nichtbestehen (*evidence of absence*) genommen werden, wenn sie auf einer vollständigen Wissensbasis getroffen wurde. Mit der Frage, ob eine solche Wissensbasis vorliegt oder überhaupt erreichbar ist, wird eine zusätzliche Debatte eröffnet, deren kaum zu erwartender Abschluss dieses Argument belastet. Das von Scriven und Drange entwickelte Argument aus dem Unglauben entgeht dieser Schwierigkeit, indem es bei der Implikation eines unkontroversen und notwendigen Merkmals des standardtheistischen Gottes ansetzt: Dieser ist aufgrund seiner Güte den Menschen zugewandt und muss daher, wenn er existiert, ›Spuren‹ hinterlassen haben, die es den Menschen ermöglichen, zu dem heilsnotwendigen Glauben an seine Existenz zu gelangen. Folglich ist er, weil einer großen Zahl von Menschen dieser Glaube fehlt, als nichtexistent zu betrachten. Alternative Vorstellungen, etwa die eines moralisch indifferenten Gottes, sind jedoch gegen dieses Argument, das allein den Standardtheismus zu Fall bringt, immun; auf sie wird im 5. Kapitel einzugehen sein.

ZWEITES KAPITEL

ATHEISMUS UND ONTOLOGIE

1 Der Atheismus hat, wenn wir von der lexikalischen Bedeutung des Terminus ausgehen, allein eine negative Existenzaussage zum Inhalt: Es gibt keinen Gott. Dass er durch diese *vollständig* bestimmt ist, ist nach einer verbreiteten Ansicht unzutreffend. Ihr zufolge ist der Atheismus auf einen »scientific naturalism«[26] und damit auf eine bestimmte Ontologie festgelegt: »Alle Atheisten« seien nicht nur methodologische Naturalisten, die allein naturwissenschaftliche Erklärungen zulassen, sondern auch »ontologische Naturalisten«[27], d. h. Materialisten bzw. Physikalisten, die behaupten, dass es keine von der Kategorie physikalischer Gegenstände unterschiedenen mentalen Entitäten gibt und, was auch immer existiert, letztlich aus physikalischen Teilchen besteht oder auf diese reduzierbar ist.

Nicht wenige Autoren bringen diese These nicht als neutrale Charakterisierung des Atheismus, sondern als *Einwand* gegen ihn ins Spiel. Denn zum einen seien einem Atheisten theoretische Optionen wie der Dualismus und der Idealismus von vornherein versperrt, die allein die Grundlage einer Erklärung der Tatsache liefern können, dass in der materiellen Welt selbstbewusste Ich-Subjekte existieren. Hinzu komme, dass die Verfechter des Atheismus durchschlagende Gründe für die Wahrheit des Naturalismus in der Hand haben müssten. Aber wie soll eine strenge Begründung dieser metaphysischen These geleistet werden, die naturwissenschaftlich nicht verifizierbar ist? Solange der Naturalismus bzw. Materialismus nur den Status einer möglichen, aber nicht bewiesenen metaphysischen These besitze, sei der Atheismus auf Sand gebaut. Wer ihn verträte, würde lediglich eine auf einer weltanschaulichen Entscheidung gründende Glaubensüberzeugung äußern (Tetens: *Gott denken*, 21ff.). Aber das soll der Atheismus nach dem Selbstverständnis der Mehrzahl seiner Verfechter keineswegs sein.

2 Schon ein flüchtiger Blick auf das Spektrum der in Geschichte und Gegenwart vertretenen Varianten des Atheismus reicht aus, um zu sehen, dass von seiner Angewiesenheit auf eine materialistische Ontologie keine Rede sein kann. Es zeigt sich vielmehr, dass er mit nahezu allen metaphysischen Grundrichtungen verträglich ist und tatsächlich auch in Verbindung mit ihnen vertreten wurde. Nicht zu vergessen ist zudem, dass, wie wir etwa im letzten Kapitel gesehen haben, manche Atheisten überhaupt keinen Gebrauch von ontologischen Annahmen machen. Neben diversen (naturwissenschaftlich orientierten oder marxistischen) Varianten des atheistischen Materialismus bzw. Naturalismus finden sich auch Verbindungen des Atheismus mit dualistischen und sogar idealistischen Ontologien; man denke an den britischen Hegelianer McTaggart, der Atheist und Idealist war.[28] Russell wiederum war weder Materialist noch Idealist, sondern vertrat einen neutralen Monismus (vgl. Tully: *Russell's Neutral Monism*). Hinzu kommt, dass der oft pauschal als Schlagwort gebrauchte Terminus ›Naturalismus‹ für eine Vielfalt von deutlich voneinander unterschiedenen ontologischen Positionen steht. Hier genügt der Hinweis darauf, dass etwa der Atheist Thomas Nagel, in Abgrenzung von physikalistischen und evolutionstheoretischen Varianten des Naturalismus, einen Naturalismus vertritt, der es erlaubt, die Möglichkeit der Existenz des Geistes in der natürlichen – aber nicht physikalistisch gefassten – Welt zu erklären: Wenn das Universum die »Fähigkeit […] zur Erzeugung von Organismen mit einem Geist«, besitzt, erübrigt es sich, »die Existenz einer göttlichen Person oder einer Weltseele« zu behaupten. Es gibt folglich »gar keinen Grund zu der Annahme, eine religiöse Erklärung sei die einzige Alternative zu einer evolutionstheoretischen Erklärung aller Dinge«.[29] Dieser Hinweis Nagels entzieht dem Versuch die Grundlage, aus der Kritik am Naturalismus Argumente für die Vernünftigkeit des Theismus zu gewinnen. Denn man kann der Kritik am physikalistischen Naturalismus »zustimmen, ohne deswegen die theistische Alternative für besser zu halten«.[30]

Der in diesem Kapitel diskutierte Einwand gegen den Atheismus setzt voraus, dass wir vor der zweigliedrigen Alternative ›Naturalismus‹/›Materialismus‹ oder ›Theismus‹ stehen. Diese Sicht ist jedoch irreführend, denn sie vermittelt ein unzutreffendes Bild von der einschlägigen Theorienlandschaft. Es gibt, wie erwähnt, ein umfangreiches Spektrum ontologischer Optionen, die für Atheisten, wenn sie nicht metaphysikabstinent sind, in Frage kommen. Eine materialistisch-naturalistische Ontologie mag ein attraktiver (weil, wie ihre Vertreter geltend machen, wissenschaftskonformer) Gegenentwurf zu theistischen Weltbildern sein oder aber (so Tetens: *Gott denken*, 18 f.) eine ›Rahmenannahme‹, die sich »weder beweisen noch widerlegen lässt«. Das kann hier offenbleiben. Angewiesen sind Atheisten auf sie jedenfalls nicht.

3 Um zu verstehen, warum die These, dass der Atheismus auf eine materialistische Ontologie festgelegt ist, sich der Zustimmung erfreut, die sie bis heute genießt, ist ein kurzer historischer Exkurs nötig. Die Erklärung ist denkbar simpel: Wir haben es mit einem zählebigen Klischee zu tun, das durch die Philosophiegeschichtsschreibung in den Rang einer aus den Dokumenten gewonnenen Tatsache erhoben wurde. Die Varianten atheistischer Positionen, die in den vorliegenden Darstellungen der Geschichte des Atheismus berücksichtigt werden, stammen nahezu ausschließlich von Philosophen, die zugleich Materialisten waren. Tatsächlich haben prominente Vertreter in seiner Frühzeit[31] wie Meslier (*Testament*) und später Holbach die Negation der Existenz des unendlichen Geistes, der ›Gott‹ genannt wird, aus der ontologischen These abgeleitet, dass es keine immateriellen Substanzen, sondern nur materielle Einzeldinge gibt (*System der Natur*, I.4, 55). Zwei Generationen vor Holbach hat der anonyme Verfasser des *Traité des trois imposteurs*[32], eines Schlüsseltextes der atheistischen Radikalaufklärung, die Gesamtwirklichkeit als »assemblage« materieller Entitäten beschrieben, zu der naturgemäß kein göttliches Geistwesen gehört (112). Auch im 19. Jahrhundert – man denke an Ludwig Büchner (*Kraft und Stoff*; 1855), Ludwig Feuerbach und Karl Marx – war der materialistische Atheismus dominant.

Im Hintergrund der Vorstellung von einem Zusammenhang von Atheismus und Materialismus steht eine Annahme über die Theoriendynamik, die die Traditionskritik der Frühneuzeit und der Aufklärung freisetzte. Sie ist schon früh geäußert worden. Bereits für Hobbes' zeitgenössischen Kritiker Bramhall war der Materialismus des Philosophen Anlass zu der Diagnose: »This, that there is no incorporal [*sic*] spirit, is that main root of Atheisme« (*The Catching of Leviathan*, 471). Im späten 17. Jahrhundert beschrieb Johann Diecmann in seinem Buch *De naturalismo* (1683) die auf immer weitere Bereiche übergreifende Verdrängung des Übernatürlichen durch den von ihm so genannten »naturalismus« als einen sich schrittweise radikalisierenden und schließlich im Atheismus kulminierenden Prozess (26 ff.). Zunächst wurde die Angewiesenheit des Menschen auf übernatürliche Gnade durch die Rehabilitierung seiner ›natürlichen‹ moralischen Fähigkeiten (Diecmann spricht von einem »naturalismus subtilis«) verdrängt. Sodann wurde (im als »naturalismus crassus« titulierten Deismus) die übernatürliche Offenbarung durch die offenbarungsunabhängige ›natürliche Religion‹ ersetzt (vgl. Gawlick: *Der Deismus*; Schröder: *Der Deismus*). Und schließlich verbannte der Materialismus (»naturalismus crassissimus«) immaterielle Entitäten als ›nicht natürlich‹ aus dem Weltbild und verwarf damit zugleich die Annahme der Existenz Gottes. Diecmann dachte hierbei an Hobbes, der in der Tat ein Materialist, aber, so bizarr seine Vorstellung eines »corporeal God« auch anmuten mag, kein Atheist war (vgl. Schotte: *Die Entmachtung Gottes durch den Leviathan*). Eine posthume Bestätigung seiner Sicht lieferten jedoch Holbach und die anderen Materialisten der französischen Radikalaufklärung des 18. Jahrhunderts (vgl. Israel: *Radical Enlightenment*, 704 ff.). Sie sind auch die Kronzeugen neuerer Philosophiehistoriker wie Buckley (*At the Origins of Modern Atheism*) und Hyman (*History of Atheism*), die Diecmanns Modell entsprechend den Atheismus als die letzte Konsequenz der durch den Materialismus vollzogenen vollständigen ›Naturalisierung‹ des Weltbildes verstehen.

Das Bild eines durchweg und seit seinen Anfängen mit einer materialistischen Ontologie verbundenen Atheismus ist allerdings der ganz unzureichenden Quellenkenntnis geschuldet, an der die einschlägigen philosophiehistorischen Darstellungen seit Buckley kranken. Tatsächlich hat es eine ganze Reihe von ontologisch neutralen Varianten des Atheismus gegeben. Ein frühes Beispiel ist das schon erwähnte (1.4) anonyme *Symbolum sapientiae* aus dem späten 17. Jahrhundert, dessen Autor beweistheoretische Überlegungen gegen den Theismus ins Feld führt und den Standardtheismus aufgrund seiner internen Widersprüche verwirft, aber ausdrücklich darauf verzichtet, der theistischen Metaphysik eine naturalistische Alternative entgegenzusetzen. Für diese Zurückhaltung gab es im 17. und 18. Jahrhundert gute Gründe. Namentlich die in dieser Epoche sich etablierenden Lebenswissenschaften sahen sich mit Phänomenen konfrontiert, die die Defizite des atheistischen Materialismus vor Augen führten, der – vor Darwin – an einer Erklärung der hochkomplexen Strukturen in der Biosphäre scheitern musste. Zwar ließ sich der Materialist Holbach dadurch nicht beirren und trat dem Theismus mit wissenschaftlich unseriösen Spekulationen entgegen (näher dazu unten S. 63). Dagegen erkannten klarsichtigere Autoren, dass der damalige Stand der Wissenschaften eine naturalistische Erklärung zahlreicher »Rätsel und Mysterien [aenigmata et mysteria]« (*Symbolum sapientiae*, 234) nicht erlaubte, und zogen die weitergehende Konsequenz, sich einer Antwort auf metaphysische Ursprungsfragen zu enthalten: »Wir sollten es«, so Nicolas Fréret, »dabei bewenden lassen, die chimärischen Vorstellungen, die man uns [von theistischer Seite] zumutet, zurückzuweisen [rejeter], aber wir sollten uns nicht darum bemühen, eine andere Theorie an die Stelle derjenigen zu setzen, die wir verworfen haben.« (*Lettre de Thrasybule à Leucippe*, 405) Diese metaphysikabstinente Strömung des Atheismus, die im 18. Jahrhundert eine ernstzunehmende Konkurrentin des atheistischen Materialismus war[33], ist von der anglophonen Forschung bis heute nicht zur Kenntnis genommen worden. Und so verwundert es nicht, dass Autoren wie Dupré und Walters (s. Anm. 26 u. 27) die unzutreffende, aus Buckleys *At the Origins of Modern Atheism* bezogene Auskunft über die historischen Wurzeln des Atheismus für bare Münze und als Hinweis darauf genommen haben, dass der Atheismus mit dem Naturalismus bzw. Materialismus stehe und falle.

DRITTES KAPITEL

ATHEISMUS UND ERKLÄRUNGSLÜCKEN

1 Der im Folgenden zu diskutierende Einwand gegen den Atheismus scheint einer weit zurückliegenden Vergangenheit anzugehören, in der es üblich war, in naturwissenschaftlichen Theorien von der Annahme der Existenz Gottes Gebrauch zu machen. Tatsächlich stammt seine klassische Version aus der Antike. Cicero stellte zu seiner Illustration die rhetorische Frage, ob man ernsthaft die Möglichkeit in Betracht ziehen würde, dass, »wenn unzählige Exemplare der einundzwanzig [im Lateinischen gebräuchlichen] Buchstaben aus Gold oder irgendeinem anderen Metall zusammengeworfen und auf den Boden geschüttet würden«, ein vollständiger und korrekter Text, etwa »die *Annalen* des Ennius entstünden, so dass man sie ohne weiteres lesen könnte« (*De natura deorum*, II.93). Der Einwand besagt, dass der Atheismus eine fundamentale Bedingung, um als ernstzunehmende theoretische Option anerkannt werden zu können, nicht erfüllt: Die komplexen Strukturen der Wirklichkeit, die die Theisten auf einen intelligenten Schöpfergott zurückführen, müssten ohne die Annahme der Existenz Gottes erklärt werden können. Atheisten könnten auf die Frage, wie diese entstanden sind, jedoch nur eine abwegige Antwort geben, indem sie auf den Zufall als Erklärung zurückgriffen. Dieses Argument ist seither immer wieder ins Feld geführt worden.

Einige Varianten des Einwandes der explanatorischen Unterlegenheit des Atheismus sind allerdings offenkundig überzogen, etwa die, dass der Atheismus »die Möglichkeit einer vollständigen Erklärbarkeit der Welt ohne die ›Hypothese Gott‹« (Honnefelder: *Atheismus*, 1133) und somit »Allwissenheit«[34] voraussetze. So meint John Hick, dass Atheisten imstande sein müssten, ein »allumfassendes naturalistisches Weltbild« zu begründen und »alle Phänomene« ohne Zuhilfenahme theistischer Prämissen zu erklären.[35] Damit verlangt er von den Atheisten eine Leistung, die die Naturwissenschaften, auf die die von ihm adressierten Atheisten sich stützen, selbst gar nicht zu erbringen beanspruchen. Allwissenheitsambitionen sind den Naturwissenschaften fremd, deren Ziel es ja ist, die prinzipiell unaufhebbaren Grenzen unseres Wissens von der Welt auszudehnen. Auch die gemäßigtere Forderung, dass Atheisten, wenn sie sich gegen den Theismus behaupten wollen, diesem explanatorisch nicht in gravierender Weise unterlegen sein dürfen, ist fragwürdig. Denn sie setzt voraus, dass die theistische Hypothese überhaupt geeignet ist, in wissenschaftlich fruchtbarer Weise natürliche Phänomene zu erklären, und in naturwissenschaftliche Theorien integriert werden kann.

Nun steht es außer Frage, dass zahlreiche Naturphänomene, die einst auf eine göttliche Ursache zurückgeführt wurden, ohne Rückgriff auf theistische Prämissen – etwa durch die Evolutionstheorie – eine wissenschaftliche Erklärung gefunden haben. Nicht erst seit Darwin haben Atheisten auf die von den Naturwissenschaften in bestimmten Sektoren bereits erbrachten Leistungen verwiesen und auf die hieraus abgeleitete Prognose gebaut, dass der Wissenschaftsfortschritt auf eine naturalistische Beschreibung und Erklärung der Gesamtwirklichkeit zusteuert. Sprichwörtlich ist, bereits am Ende des 18. Jahrhunderts, der Optimismus des Astronomen Laplace. Als er Napoleon ein Exemplar seiner *Exposition du système du monde* (1796) überreichte und von diesem gefragt wurde, warum Gott in seiner Kosmologie keine Rolle spiele, antwortete er, »auf diese Hypothese sei er nicht angewiesen gewesen [je n'ai pas eu besoin de cette hypothèse]«[36], und gab der Erwartung Ausdruck, eine entsprechende Verdrängung des Explanans ›Gott‹ sei in Zukunft auch in den anderen Wissenschaften zu erwarten.

Der Naturalismus hat sich jedoch (noch?) nicht auf ganzer Linie durchgesetzt. Und so sehen Atheisten sich mit der schwächeren, aber immer noch fatalen These konfrontiert, dass ihre Position in der Konkurrenz um die beste Erklärung bestimmter Eigenschaften des Universums dem Theismus nicht ebenbürtig ist. Diese Erklärungslücken, so heißt es, erweisen den Naturalismus als unplausibel, und sie werden mit hoher Wahrscheinlichkeit ein Defizit des Atheismus bleiben.

Ein Feld, in dem der Erklärungslücken-Einwand zum Einsatz kommt, ist die Biologie bzw. Biochemie. Auch Atheisten räumen ein, dass bislang keine vollauf befriedigende Theorie der Entstehung des Lebens entwickelt worden ist.[37] Man sollte sich durch das parawissenschaftliche Niveau insbesondere amerikanischer *Intelligent-design*-Prediger nicht den Blick darauf verstellen lassen, dass es in der Philosophie eine seriöse Debatte über den teleologischen Gottesbeweis gibt (vgl. Manson: *God and Design. The Teleological Argument and Modern Science*). Durchdachte Varianten dieses Arguments bringen es als Schluss auf die beste Erklärung ins Spiel und werden von der klassischen, auf Hume (*Dialoge über natürliche Religion*, V) zurückgehenden Kritik an Analogie-Argumenten nicht getroffen (vgl. Pruss/Gale: *Cosmological and Design Arguments*, 129).

Intensiv diskutiert werden des weiteren Argumente, die von der lebenermöglichenden Feinabstimmung der Naturkonstanten (*fine-tuning*) auf die Existenz eines planenden Schöpfergottes schließen.[38] Nehmen wir an, dass es einen absichtsvoll handelnden Schöpfergott gibt, so ist zu erwarten, dass es diese Feinabstimmung gibt. Existiert dieser jedoch nicht, ist sie extrem unwahrscheinlich.[39] Die Annahme einer planenden Intelligenz, also Gottes, ist daher, so heißt es, der Annahme, die Feinabstimmung sei zufällig entstanden, haushoch überlegen.

Kritiker dieses Arguments machen unter anderem geltend, dass die Annahme einer zufälligen Entstehung der Feinabstimmung keineswegs absurd ist: »Auch Dinge, die unwahrscheinlich [...] sind, passieren einfach.«[40] Zwar sei einzuräumen, dass die Feinabstimmung unter atheistischen Prämissen nicht erklärt werden kann, aber es sei abwegig, nach einer Erklärung für dieses Phänomen zu suchen, da diese unsere epistemischen Möglichkeiten bei weitem übersteige. Der Theismus sei jedenfalls nicht imstande, dies zu leisten, da es sich bei der Annahme der Existenz Gottes um eine (nicht auf unabhängige Gründe gestützte) Ad-hoc-Hypothese handele (vgl. Beckermann: *Antworten*, 202f.). Eine andere Entgegnung auf dieses Argument greift auf die Multiversen-Theorie zurück (vgl. Carr: *Universe or Multiverse?*). Danach existieren zahllose Universen mit ganz unterschiedlichen, zumeist lebensfeindlichen Naturkonstanten, von denen *eines* – unser Universum – lebensfreundliche Naturkonstanten aufweist.[41] Diese auch von Philosophen wie Derek Parfit (*Why Anything? Why This?*) rezipierte Theorie macht die Annahme eines göttlichen Urhebers des *fine-tuning* überflüssig. Von theistischer Seite ist dem entgegnet worden, »eine Billion anderer Universen zu postulieren anstelle eines Gottes, um das Universum zu erklären«, sei »der Gipfel der Irrationalität« (Swinburne: *Is there a God?*, 68). Die Frage nach dem Ursprung der Feinabstimmung der Naturkonstanten verlange eine Antwort, fände diese aber nicht ohne die Annahme einer schöpferischen und steuernden Intelligenz. Aber auch diese Replik ist nicht unwidersprochen geblieben (vgl. Colyvan u.a.: *Problems with the Argument from Fine Tuning*). Es scheint, als müsse man es dabei belassen, resigniert festzustellen, dass es diesen Dissens über das Feinabstimmungs-Argument unter Philosophen (und es ist ein echtes *peer disagreement* zwischen kompetenten Kombattanten, kein Streit von Philosophen auf der einen und Obskuranten auf der anderen, der theistischen Seite) gibt, und davon ausgehen, dass ein Abschluss dieser Debatten einstweilen nicht zu erwarten ist (vgl. Pruss/Gale: *Cosmological and Design Arguments*, 131ff.).

2 Was die Frage nach den Erklärungslücken, die den Atheismus in Bedrängnis bringen, angeht, erwuchs dem Theismus der bedrohlichste Gegner in einem Philosophen, der gar kein Atheist war, diese Haltung klar zum Ausdruck brachte und dafür von den Atheisten seiner Zeit mit Spott übergossen wurde: David Hume. Im Jahre 1765 stattete der schottische Philosoph der atheistischen Tafelrunde im Hause des Materialisten Holbach einen Besuch ab. Dabei löste er, wie der damals anwesende Denis Diderot berichtet, mit der Bemerkung, es gebe keine Atheisten, erhebliches Befremden aus:

> »Als Monsieur Hume zum ersten Mal beim Baron zu Tisch geladen war, saß er neben dem Hausherrn. Ich weiß nicht, bei welcher Bemerkung der englische Philosoph darauf kam, zum Baron zu sagen, er glaube nicht an Atheisten, er habe noch nie einen gesehen. Da erwiderte der Baron: ›Monsieur, zählen Sie, wieviel Leute wir hier sind.‹ Wir waren achtzehn. Der Baron fügte hinzu: ›Es ist ein Glücksumstand, dass ich Ihnen mit einem Schlag fünfzehn zeigen kann. Die drei übrigen wissen nicht recht, was sie darüber denken sollen.‹« (*Briefe an Sophie Volland* [6. 10. 1765], 251f.)

Die oft zitierte Anekdote ist aufgrund der philosophie- und wissenschaftsgeschichtlichen Konstellationen, die in ihr zutage treten, aufschlussreich. Damals, in der Mitte des 18. Jahrhunderts, konnte den Vertretern des Atheismus von theistischer Seite tatsächlich das Bestehen einer empfindlichen Erklärungslücke vorgehalten werden. Es ging um die Frage nach dem Ursprung des Lebens. Bis ins späte 17. Jahrhundert hatte den Atheisten ein Modell zur Verfügung gestanden, das die spontane Entstehung von Organismen aus unbelebter Materie ohne die Annahme eines göttlichen Schöpfungsaktes erklärte: die sogenannte Urzeugungslehre. Wie schon Aristoteles (*De generatione animalium*, 762a1 ff.) glaubte man beobachten zu können, dass Lebewesen spontan durch Erhitzung und Fermentation aus unbelebter Materie – also etwa Ungeziefer aus Schmutz – entstehen. Analog, so ließ sich mit hoher Plausibilität annehmen, sind einst die Organismen auf diesem Planeten entstanden (vgl. Fry: *The Emergence of Life on Earth*, 17 ff.). Die Urzeugungslehre wurde jedoch im späten 17. Jahrhundert von den Biologen Francesco Redi und Antoni van Leeuwenhoek widerlegt.[42] Damit war den Kritikern der theistischen Schöpfungslehre ihre wichtigste Waffe abhandengekommen. In der Folgezeit hinderte dies den atheistischen Materialisten Holbach zwar nicht daran, ein bemerkenswertes Beispiel intellektueller Unredlichkeit zu geben und wider besseres Wissen zu behaupten, durch Gärung und Erhitzung könne »die unbelebte Materie in Leben übergehen« und Organismen hervorbringen (*System der Natur*, I.2, 33 ff.). Tatsächlich jedoch kam damals für die Entstehung des Lebens allein die theistische Erklärung in Frage.

Humes Spruch an der Tafel Holbachs, »es gebe keine Atheisten; jedenfalls habe er noch nie einen gesehen«, ist vor dem Hintergrund dieser wissenschaftsgeschichtlichen Konstellation verständlich. Die Auffassung, dass »die gesamte Struktur der Welt einen intelligenten Urheber verrät«, hat Hume selbst ausdrücklich etwa in der *Naturgeschichte der Religion* (1) vertreten: »In allen Dingen ist ein Zweck, eine Absicht, ein Plan unverkennbar; und wenn unsere Fassungskraft endlich so erweitert ist, dass sie über den ersten Ursprung dieses sichtbaren Systems nachdenkt, dann müssen wir die Vorstellung von einer vernünftigen Ursache oder einem intelligenten Urheber mit der festesten Überzeugung annehmen.« (69). Dem Skeptiker unter den Gesprächspartnern der *Dialoge über natürliche Religion* legt Hume das Zugeständnis in den Mund, dass die Strukturen der natürlichen Welt auf einen »Zweck, eine Absicht, einen Plan« weisen, der »sich auch dem gleichgültigsten und einfältigsten Denker aufdrängt«, mehr noch: dass »uns fast alle Wissenschaften unmerklich zur Anerkennung eines ersten intelligenten Urhebers führen« (XII, 119 f.).

Vermutlich wäre Hume, der immer wieder, namentlich in der *Naturgeschichte der Religion*, auf die fatalen praktischen Folgen des Monotheismus hingewiesen hatte, ein durchschlagendes Argument gegen die Annahme der Existenz Gottes höchst willkommen gewesen. Aber er konnte nicht übersehen, dass für die hochkomplexen Strukturen insbesondere in der Biosphäre eine befriedigende nichttheistische Erklärung nicht zur Verfügung stand. Man könne daher »nur dem Namen nach, aber völlig unmöglich im Ernst« ein Atheist sein (*Dialoge*, XII, 124). Diese Aussage kommentierte Richard Dawkins zustimmend mit den Worten, er selbst hätte damals (angesichts des Standes der Lebenswissenschaften im 18. Jahrhundert) kein »intellectually fulfilled atheist« sein, d. h. unbeschadet seiner intellektuellen Redlichkeit behaupten können, dass es eine nichttheistische »*alternative* explanation for apparent design« gebe: »I could not imagine being an atheist at any time before 1859, when Darwin's *Origin of Species* was published« (*The Blind Watchmaker*, 5 f.).

Die Anerkennung eines »Prinzips, das die Ordnung des Universums ursprünglich stiftete« und »eine gewisse Ähnlichkeit [...] mit der Wirkungsweise des menschlichen Geistes« besitzt (*Dialoge*, XII, 124), war allerdings nicht Humes letztes Wort in dieser Sache. In seinen *Dialogen über natürliche Religion* legt er einem der drei Gesprächspartner eine Überlegung in den Mund, die zeigt, dass der Theismus von der Schwäche, an der der Atheismus damals offenkundig krankte, keineswegs profitiert. Denn ausgehend von der tatsächlichen Beschaffenheit der Welt ließe sich lediglich eine »natürliche Theologie« wahrscheinlich machen, die auf einen »ganz einfachen, wenngleich etwas dunklen Satz« reduziert ist: Wir können allenfalls sagen, »dass die Ursache oder die Ursachen der Ordnung im Universum wahrscheinlich irgendeine entfernte Ähnlichkeit mit menschlicher Intelligenz [some remote analogy to human intelligence]« besitzen. Jedoch kann die Ähnlichkeit »nicht über die Intelligenz hinaus ausgedehnt und mit keinerlei Anschein von Wahrscheinlichkeit auf die anderen Eigenschaften des Geistes übertragen werden« (XII, 138). Das bedeutet im Einzelnen: Die Annahme einer begrenzten schöpferischen Intelligenz mag zur Erklärung der Ordnungsstrukturen in der Welt erforderlich sein – *unendliche* Intelligenz können wir der Weltursache bzw. den Weltursachen angesichts der Dysfunktionalitäten der natürlichen Welt jedoch nicht zuschreiben. Und angesichts der Übel, unter denen die Menschen leiden, wäre es abwegig zu vermuten, sie besäße auch nur eine begrenzte Güte. Nichts deutet darauf hin, dass es einen Gott gibt, der auf das Wohl seiner Geschöpfe bedacht ist.

Welche Aussagen über Gott kann eine philosophische Theologie also noch machen? Hume deutet – nicht ohne Ironie, jedoch plastisch und zugleich präzise – folgende Möglichkeiten an: Entweder ist die Welt »der erste, rohe Versuch einer noch in den Kinderschuhen steckenden Gottheit, die ihn später aus Scham über ihr armseliges Machwerk aufgab«, oder sie ist »das kindische Alterswerk einer senilen Gottheit [the production of old age and dotage in some superannuated deity]« (V, 58). Hume hielt – damals zu Recht – den atheistischen Materialismus für explanatorisch impotent. Allerdings war die einzige Gestalt des Theismus, der er gegebenenfalls eine gewisse Wahrscheinlichkeit zuzubilligen bereit war, ein Schrumpftheismus, dessen Gott nur eine beschränkte Intelligenz und gar keine moralischen Eigenschaften besitzt. Der Standardtheismus, dessen Gott unendliche Intelligenz und Güte besitzt, lässt sich aus seiner Sicht in keiner Weise rechtfertigen.

Den Kern dieser Infragestellung des Standardtheismus treffen wir später wieder in John Stuart Mills *Three Essays on Religion* (1874) an. Wie Hume lehnt er den Atheismus ab[43] und erkennt die relative Stärke des teleologischen Arguments an. »Auf der Grundlage unseres gegenwärtigen Wissensstandes« sei eine »Schöpfung durch eine Intelligenz [creation by intelligence]«, die freilich nicht unendlich ist, durchaus wahrscheinlich (450). Allerdings macht Mill, anders als Hume, eine nicht unerhebliche Konzession an den Theismus, indem er der »Deity« moralische Eigenschaften nicht rundheraus abspricht. Er hält es für erwägenswert, dass die Gottheit »das Glück seiner Geschöpfe wünscht und in gewissem Umfang berücksichtigt«, schränkt dies aber mit der Bemerkung ein, Gott habe sicherlich auch »andere und für ihn vorrangige Motive [other motives of action which he cares more for]« (459). Auf diese (im Übrigen nur wahrscheinlichen) Aussagen beschränken sich die »Ergebnisse der natürlichen Theologie bezüglich der Eigenschaften Gottes«. Für die Eigenschaften, die der Standardtheismus Gott zuschreibt, gibt es keinen Anhaltspunkt. Der Glaube an sie »entspringt allein menschlichen Wünschen« oder, so setzt Mill vorsichtigerweise (oder ironisch?) hinzu, einer »wahren oder imaginären Offenbarung« (ebd.).

3 Die Situation, in der Hume und Mill ihre Positionen zum teleologischen Argument entwickelt haben, weist aufschlussreiche Gemeinsamkeiten mit den gegenwärtig geführten Diskussionen auf. Nach wie vor wird den Atheisten von theistischer Seite explanatorisches Versagen im Hinblick auf bestimmte Phänomene der natürlichen Welt – heute vor allem die Feinabstimmung der Naturkonstanten – vorgehalten. Manche meinen, die Unwahrscheinlichkeit eines baldigen Abschlusses der Debatten über das *fine-tuning*[44] sei sozusagen ein Lebenselixier des Theismus. Auch wenn die Theisten damit nicht über ein durchschlagendes Argument für die Wahrheit ihrer Position verfügen, könnten sie doch den Vorwurf zurückweisen, die Annahme eines intelligenten Welturhebers sei schlichtweg abwegig und grundlos, und sie könnten versuchen, sie als beste Erklärung für dieses Phänomen ins Spiel zu bringen, um die Atheisten unter Zugzwang zu setzen.

An diesem Punkt haben Hume und Mill einen entscheidend weiterführenden Schritt getan, indem sie klarstellten, worin der Ertrag, den Theisten sich von Schlüssen auf die beste Erklärung (dem teleologischen und dem *fine-tuning*-Argument) versprechen können, günstigstenfalls besteht. Diese Klarstellung erlaubt es den Atheisten, den aktuellen Stand und den künftigen Verlauf der einschlägigen Debatten gelassen zu beobachten. Denn selbst wenn man sich (was sich nicht von selbst versteht) auf die Frage nach einer letzten Ursache der Ordnung im Universum einlässt und wenn man (was ebenso wenig selbstverständlich ist) bereit ist, die Annahme einer planenden göttlichen Intelligenz als explikativ fruchtbar anzuerkennen, wird die rationale Theologie auf diesem Wege nie zu ihrem Ziel gelangen – ihr Ziel ist ja die Rechtfertigung der Annahme eines *maximal* mächtigen, *maximal* intelligenten und *maximal* guten göttlichen Welturhebers. Mit Hilfe des *fine-tuning*-Arguments lässt sich jedoch günstigstenfalls ein Schrumpftheismus als beste Erklärung für dieses Phänomen sichern. Auch wenn Hume und Mill mit ihrer Klarstellung keineswegs ein Argument zugunsten des Atheismus vorlegen wollten, hat sie gleichwohl verheerende Konsequenzen für den Theismus. Sie entzieht seiner Standardversion die Grundlage, indem sie zeigt, dass dem Welturheber mithilfe des teleologischen Arguments – auch in seinen aktuellen Versionen – die relevanten Attribute nicht zugeschrieben werden können. Er mag eine menschliches Maß übersteigende Intelligenz und Macht besitzen, aber moralische Eigenschaften wie Güte kommen ihm nicht zu (selbst die Existenz eines allmächtigen, aber bösen Gottes wäre in Betracht zu ziehen; vgl. Tooley: *Does God Exist?*, 90). Damit fehlt dem Welturheber das Attribut, welches die existentielle Relevanz des Theismus ausmacht, und es entfällt ein für viele Theisten maßgeblicher Grund, sich um eine Antwort auf die Frage nach der Existenz Gottes zu bemühen.

VIERTES KAPITEL

ATHEISMUS, POLITIK UND MORAL

1 Es ist nicht ihr sachliches Gewicht, sondern ihre erstaunliche Verbreitung, die es nahelegt, auf zwei Einwände einzugehen, die das Verhältnis von Atheismus und Politik sowie von Atheismus und Moral ins Visier nehmen. Der eine versucht den Atheismus als eine im Kern antiklerikale, d.h. politische Kampfansage zu diskreditieren, die als solche nicht wahrheitsgerichtet, sondern interessengeleitet und somit keine seriöse philosophische Position ist (4.2). Der andere besagt, dass mit der Bestreitung der Existenz eines göttlichen Gesetzgebers und Richters der einzige Weg, die Geltung moralischer Normen zu begründen, versperrt wird. Dass Dostojewskis Diktum »Wenn Gott nicht existierte, wäre alles erlaubt« (aus *Die Brüder Karamasow*) sich vor allem in der einschlägigen populären Literatur großer Beliebtheit erfreut, verwundert nicht. Auf seine Haltlosigkeit ist oft hingewiesen worden. So hat Günther Patzig, wie Ansgar Beckermann (*Glaube*, 169) berichtet, »einmal im Gespräch angeregt, eine Liste der dümmsten philosophischen Sprüche zusammenzustellen. Dieser Spruch Dostojewskis gehörte für ihn ganz oben auf diese Liste.« Trotzdem – aufgrund seiner Präsenz auch in den Debattenbeiträgen professioneller Philosophen kann dieser Einwand hier nicht übergangen werden (4.3).

2 Der erste Einwand versucht den Atheismus genealogisch auf theorieexterne, und zwar antiklerikale Motive zurückzuführen und damit zu diskreditieren. Der Atheismus war demnach seit seinen Anfängen nichts anderes als »eine politisch motivierte Attacke gegen die christliche Theologie«, die von ihren Gegnern als Hindernis auf dem Weg zur Durchsetzung von Toleranz und zur Überwindung illegitimer Herrschaft betrachtet und bekämpft wurde.[45] Als sekundäre Rationalisierung eines solchen Motivs könne er nicht als genuine, auf philosophische Argumente gestützte metaphysische These gelten. Mehr noch: Aus heutiger Perspektive

sei der Atheismus eine Reaktion auf eine längst vergangene Gestalt des Christentums. Heutige Atheisten kämpften einen Kampf von vorgestern, da sie ignorierten, dass der Theismus jedenfalls in seiner christlichen Gestalt seine ideologische Funktion längst abgestreift habe.

Über die philosophiehistorischen Annahmen, die dieser Diskreditierung des Atheismus zugrunde liegen, lässt sich mit einem Blick auf die einschlägigen Dokumente Klarheit herstellen (vgl. Schröder: *Philosophischer Standpunkt oder antiklerikale Kampfansage?*). Zunächst einmal ist festzuhalten, dass bei nicht wenigen Atheisten des 17. bis 19. Jahrhunderts eine antiklerikale Motivation offen zutage liegt. Beispiele sind der erste als Person fassbare Atheist der Philosophiegeschichte, Matthias Knutzen, mit seinen in den 1670er Jahren verfassten atheistischen und sozialrevolutionären Pamphleten, der prominentere Franzose Jean Meslier, der dazu aufrief, »all die Großen der Erde und alle Adligen mit den Gedärmen der Priester zu erhängen und zu erwürgen« (*Testament*, 74), sowie Holbach, der Mesliers zunächst nur als Manuskript verbreitete Schrift in bearbeiteter Form einem breiten Publikum zugänglich machte (*Le bon sens du Curé Meslier*). Auch die mit Theoremen insbesondere von Spinoza und Hobbes munitionierte Kritik des Theismus im *Traité des trois imposteurs* zielt weit über die Sphäre philosophischer Theorie hinaus. Sie ist von der Erwartung getragen, dass eine atheistische Aufklärung die Emanzipation des »einfachen Volkes [le peuple]« von illegitimer weltlicher und geistlicher Herrschaft (»Princes et Prêtres«) herbeiführen wird (6). Ganz unverblümt bekannten sich einige Atheisten dazu, dass theoretische Annahmen nach Maßgabe ihrer Eignung zu wählen sind, Religion und Kirche zu entmachten. So ist die Kosmologie der atheistischen *Dissertation sur la formation du monde* von der Frage geleitet, ob eine Annahme »für das religiöse Lehrgebäude vorteilhaft [favorable au Systême religieux]« oder aber geeignet ist, es zu Fall zu bringen (90). Die Beseitigung der Religion und der durch sie legitimierten politischen und sozialen Missstände ist das Ziel, dem die Widerlegung der philosophischen Theologie dient. Um es zu erreichen, »müssen alle Mittel erprobt werden«. Indem die atheistischen »philosophes« dies tun, handeln sie wie »Therapeuten« (»médecins de l'esprit«), deren Geschäft die Heilung einer »Krankheit« – der Religion und ihrer

Institutionen – ist.[46] Dies ist das Eingeständnis, dass der Theismus nicht als unangemessene metaphysische Hypothese fallengelassen, sondern als Stütze der Religion und ihrer Institutionen bestritten wird. Auch bei Holbach ist deutlich zu sehen, dass das Votum für den Materialismus aus einem solchen strategischen Kalkül hervorgeht (vgl. Bloch/Porset: *Le matérialisme au siècle des Lumières*, 6).

Eine solche Verschränkung der Attacken auf den Theismus mit politischen Zielsetzungen ist allerdings keineswegs durchgängig anzutreffen. Manchen Atheisten waren politische, gar revolutionäre Zielsetzungen fremd, andere wiesen sie ausdrücklich zurück. So hat der Verfasser des ältesten atheistischen Textes, der sich erhalten hat, des aus der Mitte des 17. Jahrhunderts stammenden *Theophrastus redivivus* (s. Anm. 7) die Einsicht, dass der Theismus falsch ist, strikt der freidenkerischen Elite, der er angehörte, vorbehalten wollen und war weit davon entfernt, sie als sozialrevolutionären Sprengstoff einzusetzen. Aus einer funktionalistischen gesellschaftstheoretischen Perspektive hat er den praktischen Nutzen der Religion sogar positiv gewürdigt: »Es ist durchaus nützlich, dass alle die Überzeugung von der Existenz Gottes haben, aber wahr ist sie nicht [Utile sane est id omnibus persuaderi, sed non verum est quod persuadetur]« (91).

Hinzu kommt, dass im Zeitalter der Aufklärung die meisten militanten Kirchenfeinde keine Atheisten, sondern Deisten waren. Sie verwarfen das Christentum und bekämpften seine Institutionen, hielten aber eine minimalistische ›natürliche Religion‹ für begründbar und als Grundlage der Moral für unverzichtbar. So nahm Voltaire, ein erstrangiger Protagonist des Antiklerikalismus der Aufklärung, die zu seiner Zeit an die Öffentlichkeit tretende atheistische Strömung – der erstmals 1768 gedruckte *Traité des trois imposteurs* war ein regelrechter Bestseller – wahr, distanzierte sich aber vehement von ihr. Seine *Épitre à l'auteur du livre des trois imposteurs*, in der der Vers »Wenn Gott nicht existierte, müsste man ihn erfinden [Si Dieu n'existait pas, il faudrait l'inventer]« steht (405), fasst diese Haltung zusammen. Entscheidend ist der Irrealis in Voltaires Formulierung; denn er stellt klar: Gott *muss* nicht erfunden werden, er *müsste* erfunden werden, wenn die Annahme seiner Existenz nicht philosophisch begründet wäre – aber das *ist* sie aus der Sicht des Deisten Voltaire. Zugleich ist dieser Gott – nicht der biblische Gott Abrahams, Isaaks und Jakobs, sondern der Gott der Philosophen – der Garant für den Zusammenhalt der Gesellschaft (»le sacré lien de la société«), »das erste Fundament der Gerechtigkeit«, eine wirksame Sanktionsinstanz für Normverletzungen, und er ist der Richter, auf den die moralisch Handelnden ihre Hoffnung richten können (ebd.). Auch Robespierre, der sich in seinen programmatischen Reden gern auf Voltaires eben zitierten Vers berief und den Antiklerikalismus des Philosophen unter Einsatz der Guillotine in die Tat umsetzte, war kein Atheist, sondern ein Deist, der die natürliche Religion sogar als ›Kult des Höchsten Wesens‹ zu institutionalisieren versuchte. Seinem Terrorregime fielen nicht nur Priester, sondern auch zahlreiche Atheisten zum Opfer (vgl. Schröder: *Ursprünge*, 237). Von einer ›natürlichen Allianz‹ von Antiklerikalismus und Atheismus kann nicht die Rede sein.

Fassen wir zusammen. Im Rahmen einer Diskussion seriöser Einwände gegen den Atheismus könnte man die Behauptung, der Atheismus sei im Kern »eine politisch motivierte Attacke gegen die christliche Theologie« (s. Anm. 45), im Grunde auf sich beruhen lassen. Selbst wenn die unterstellte Genealogie des Atheismus zuträfe, würde dies in der Sache selbstverständlich gar nichts austragen. Sie ließe die Stärke oder Schwäche der Argumente, die gegenwärtig gegen den Theismus vorgebracht werden, ja unberührt. Ebenso irrelevant ist der Umstand, dass auch in jüngerer Zeit einige Philosophen wie Ernest Nagel den von ihnen vertretenen Atheismus als »eine Form sozialen und politischen Protests«[47] verstanden. Insgesamt ist der Ertrag dieses Paragraphen also gering. Er besteht zunächst einmal nur in der Richtigstellung des philosophie*historischen* Sachverhalts. Dieser wirft aber immerhin ein zusätzliches Licht auf den genealogischen Einwand, der den Atheismus durch die Freilegung seiner angeblich ausschließlich politischen Motive zu diskreditieren versucht: Das dokumentarische Fundament, dessen dieser Einwand bedarf, ist, so zeigt ein genauerer Blick auf die Quellen, nicht vorhanden. Somit scheitert bereits der erste Schritt, den eine solche genealogische Kritik am Atheismus tun müsste.

3 Mit seinem sprichwörtlich gewordenen Satz, dass, wenn Gott nicht existierte, alles erlaubt wäre, hat Dostojewski eine Verhältnisbestimmung von Moral und Religion auf eine griffige For-

mel gebracht, die traditionell (aber kaum in der vorchristlichen Antike und keineswegs durchweg in den christlich geprägten Epochen) verbreitet war. Ihr zufolge besitzen moralische Normen Geltung, weil es sich um Befehle der obersten – göttlichen – Autorität handelt. Sogar John Locke meinte, dass eine vollständige Auflösung von Moral und Recht unausweichlich eintreten würde, wenn man die Beseitigung Gottes auch nur gedanklich in Erwägung zöge: »The taking away of God, though but even in thought, dissolves all.« (*Ein Brief über Toleranz*, 94). Seit der Aufklärung wurde diese theonome Moralkonzeption jedoch weitestgehend verworfen. In ihrer Überwindung ist geradezu ein Grundzug moderner Moralphilosophie zu erblicken, für die das Bemühen um eine säkulare Moralbegründung ein entscheidender Motor war (vgl. Schneewind: *The Invention of Autonomy*).

Allerdings hat die plakative Schlichtheit von Dostojewskis Diktum bis in die neuere Zeit manche Philosophen nicht davon abgehalten, sich seiner Sicht anzuschließen, dass der Atheismus die Geltung moralischer Normen zersetze. Nicht nur christliche Philosophen wie der Dostojewski wörtlich zitierende Robert Spaemann meinen, dass in der Tat »alles erlaubt ist, wenn es Gott nicht gibt«.[48] Auch weitab von diesem weltanschaulichen Milieu, etwa in der *Dialektik der Aufklärung* von Horkheimer und Adorno, treffen wir die Auffassung an, das »Streben, an Stelle der geschwächten Religion einen intellektuellen Grund [für moralisches Handeln] zu finden«, sei »hoffnungslos« (108). »Mit der letzten Spur der Theologie«, so hat Horkheimer diesen Gedanken später zugespitzt, »verliert der Gedanke, daß der Nächste zu achten [...] sei, das logische Fundament«.[49] Die Pointe dieses Einwandes gegen den Atheismus geht weit über die Behauptung hinaus, dass der Verlust des Glaubens an einen göttlichen Gesetzgeber und Richter die *Motivation* zu moralischem Handeln schwächt oder beseitigt – eine Annahme, die einer empirischen Bestätigung bedürfte, sie jedoch bislang nicht gefunden hat.[50] Dostojewski, Spaemann und gleichgesinnte Kritiker des Atheismus haben nicht die *Motivation* zu moralischem Handeln, sondern die *Geltung* moralischer Normen im Blick. Es gibt, so meinen sie, keinen anderen vernünftigen Grund, die Forderungen der Moral als verpflichtend anzuerkennen, als die göttliche Autorität dessen, die sie erlassen hat. Um diese überaus starke (und auch von nicht wenigen theistischen Philosophen zurückgewiesene[51]) These zu begründen, müsste nichts Geringeres als der Nachweis erbracht werden, dass alle (kontraktualistischen, mitleidsethischen, kantianischen, utilitaristischen usw.) Bemühungen um eine Normenbegründung zum Scheitern verurteilt sind. Dieser Nachweis steht bekanntlich noch aus.

Mit diesen zugegebenermaßen schlichten Überlegungen sind noch nicht alle Aspekte des Verhältnisses von Moral und Gottesglaube angesprochen, die für die Atheismus-Theismus-Debatte relevant sind. Aufmerksamkeit verdient nämlich insbesondere eine – nicht triviale – Frage, zu der Dostojewskis Zuspitzung Anlass gibt. Es ist die Rückfrage, was, *wenn Gott existierte*, erlaubt, geboten oder aber verboten wäre. Welche moralische Orientierung ist von einem Gott zu erwarten, der allmächtig und der Schöpfer von allem ist und folglich nicht nur die naturgesetzliche Ordnung, sondern auch die normativen Ordnungen der Moral und des Naturrechts souverän in Kraft gesetzt hat und diesen daher nicht unterworfen ist? Und es stellt sich eine weitere, hiervon zu unterscheidende Frage: Welche Folgen hat der *Glaube* an einen moralischen Normen nicht unterworfenen Gott für das Handeln eines Menschen, der sein Leben auf der Grundlage dieses Glaubens führt? Die Probleme, die hieraus für die Moralphilosophie erwachsen, sind vielfältig.

Lässt das Allmachtsattribut zu, dass die von Gott gestifteten normativen Ordnungen *stabil* sind? Und lässt der Begriff eines Gottes, der Herr über alles ist, den prinzipiellen *Geltungsvorrang* moralischer Normen intakt? Nicht alle christlichen Philosophen haben die Konsequenzen, die sich aus dieser Gottesvorstellung ergeben, so gründlich ausbuchstabiert wie William von Ockham und Søren Kierkegaard. Zur Klärung dieser Sachfragen haben sie extreme Beispiele und (besonders im Falle Ockhams und seiner Schüler) drastische Szenarien benutzt, die bei oberflächlicher Betrachtung bizarr und abwegig wirken mögen. Es ist daher nicht überflüssig, darauf hinzuweisen, dass ihre Überlegungen im Folgenden nur insoweit herangezogen werden, als sie unabhängig von ihren philosophischen und theologischen Sondermeinungen die Implikationen des standardtheistischen Gottesbegriffs nüchtern freilegen. Eine erste Auskunft finden wir in Ockhams *Sentenzenkommentar* (IV, qu. 3):

> »Kraft seines bloßen Willens [ex mera voluntate sua] kann Gott mit seinem Geschöpf verfahren, wie es ihm beliebt. Nehmen wir an, jemand liebe ihn und tue alles nach seinem Gefallen. Einen solchen Menschen kann Gott vernichten – ohne dass dies ein Unrecht wäre. Genauso kann er ihm das ewige Leben vorenthalten und stattdessen die ewige Strafe über ihn verhängen – und auch dies wäre kein Unrecht. [...] Was Gott tut, ist ebendeshalb, weil er es tut, mit Recht getan [hoc ipso quod deus facit aliquid iuste factum est].« (*Opera plurima*, Bd. 4, Rvii^{r}).

Ockhams Botschaft ist klar und hart: Aufgrund seiner Allmacht kann Gott die Normen, die er uns etwa im Dekalog bekanntgemacht hat und nach denen er uns dereinst richten wird, ändern, wenn er es will. Gott ist nicht nur im Hinblick darauf, welche Normen er als Gesetzgeber einführt, grundsätzlich frei. Auch als Richter ist er nicht durch Normen gebunden, die er selbst erlassen hat. Am Jüngsten Tag unterliegen seine Urteile sozusagen keinem Rückwirkungsverbot. Ockham will natürlich nicht sagen, dass damit zu rechnen ist, dass Gott den Dekalog insgesamt oder einzelne seiner Gebote aufheben und durch andere ersetzen wird. Wohl aber betont er, dass dies *möglich* ist. Damit will er unterstreichen, dass wir Gottes Handeln keine Schranken moralischer oder naturrechtlicher Art setzen dürfen, die dies ausschließen.

Der Gedanke, der göttliche Richter könnte am Ende aller Tage auch einen Menschen, der seine Gebote befolgt hat, »vernichten, ohne dass dies ein Unrecht wäre«, ist natürlich – zumal für Theisten – schwer erträglich. Man hat daher nach fundamentalen moralischen Normen Ausschau gehalten, an die sich auch Gott als Gesetzgeber, als Richter und als Handelnder halten muss und die er nicht nach Belieben verändern oder außer Kraft setzen kann. Diese Versuchung scheinen Ockham und seine Schüler antizipiert zu haben. Denn sie haben sich, um erst gar keine Zweifel in dieser Hinsicht aufkommen zu lassen, große Mühe gegeben, mit drastischen Beispielen jeder Abmilderung jener harten Konsequenzen zuvorzukommen, die sich aus der Souveränität und Allmacht Gottes ergeben. Robert Holcot, ein Ockham-Schüler aus dem 14. Jahrhundert, bezieht sich dazu auf die im 19. Kapitel des Lukas-Evangeliums erzählte Geschichte von dem Zöllner Zachäus, der Jesus in seinem Hause in Jerusalem beherbergte, und schließt die folgende Überlegung an:

> »Als Jesus auf Erden wandelte, stand es ihm frei, dem Zachäus sein Vermögen zu stehlen, und es wäre kein Diebstahl gewesen. Und er hätte dessen Ehefrau erkennen [die biblische Bezeichnung für Beischlaf; W.S.] können, ohne dass dies Ehebruch gewesen wäre [cognovisse eius uxorem sine adulterio]. Denn er steht als oberster Gesetzgeber über dem Gesetz [supra legem]. Christus steht es frei, das Gegenteil dessen zu tun, was er geoffenbart, prophezeit, verheißen oder geschworen hat – und gleichwohl kann er weder eidbrüchig noch ein Lügner sein.«[52]

Der Allmächtige – und so auch der Gottmensch Jesus – steht »über dem Gesetz«. Alles, selbst das, was unter Menschen als Gipfel der Niedertracht verurteilt würde, dürfte er tun. Holcot illustriert dies durch ein weiteres, wahrhaft abgründiges Gedankenspiel (*Sex articuli*, 114 f.); es setzt, das muss vorangeschickt werden, die christologische Zweinaturenlehre voraus, nach der Christus in sich die menschliche und die göttliche Natur vereint. Wir versetzen uns mit Holcot wieder in jene Zeit zurück, als der Sohn Gottes und die Jungfrau Maria auf Erden wandelten. Nehmen wir nun an, Christus wäre mit seiner göttlichen Natur in den Himmel aufgestiegen, hätte also nur seine menschliche Natur auf Erden zurückgelassen und dies »der Seligen Jungfrau verheimlicht« (ebd.). Nun war Maria es gewohnt, ihren Sohn, der ja auch Gottes Sohn war, kontinuierlich anzubeten. Und das hätte sie, im Glauben, sie habe immer noch den Gottmenschen vor sich, weiterhin getan. Tatsächlich aber hätte sie damit eine schwere, ja die allerschwerste Sünde begangen: Sie hätte einen bloßen Menschen, also ein *Geschöpf* angebetet, damit gegen das zweite der Zehn Gebote verstoßen und aufgrund dessen die ewige Verdammnis verdient.

Was uns hier zugemutet wird, ist ein ungeheuerliches Szenario: Der Gottessohn stellt seiner eigenen Mutter arglistig eine Falle und verleitet sie zu einer Todsünde – und nichts ist aus der Sicht des Theologen, der sich das ausgedacht hat, daran auszusetzen. Oberflächlich betrachtet mutet das geradezu blasphemisch an. Tatsächlich jedoch haben Ockham und sein Schüler ein ganz und gar ernsthaftes Anliegen: Es geht ihnen um die Sicherung des Gottesprädikats Allmacht und um die Klärung des Verhältnisses, in dem dieses zu moralischen und naturrechtlichen Normen steht. Den Kern ihrer Botschaft kann man in Kürze so wiedergeben: Normen lassen sich nur im Rekurs auf eine Autorität begründen. Das Moralgesetz und das Naturrecht gelten, weil sie von Gott in Kraft gesetzt worden sind, der seinerseits nicht durch normative Ordnungen gebunden ist, die seinen Setzungen vorgeordnet wären. Das höchste Wesen ist allmächtig. Und Allmacht bedeutet: im Rahmen des logisch Möglichen tun können, was man will. Deshalb sind moralische Regelsysteme grundsätzlich nicht stabil. Gott kann jederzeit *andere* Normen setzen. Er kann das bisher geltende Regelwerk insgesamt durch ein neues, diesem inhaltlich widersprechendes Normensystem ersetzen; das ging aus dem eben herangezogenen Ockham-Zitat hervor. Und er kann okkasionell, punktuell gewisse Einzelbestimmungen aufheben bzw. ihnen zuwiderhandeln, so wie der Gottessohn Jesus das in den von Holcot ausgedachten Beispielen tut. Es ist keine Übertreibung, wenn man die Botschaft Ockhams und Holcots auf die folgende Formel bringt: Wenn (bzw. aus der Sicht unserer beiden Autoren: *weil*) Gott allmächtig ist, kann prinzipiell jede Handlung durch ihn als erlaubt oder geboten eingestuft eingestuft werden.

Man hat versucht, den sachlichen Ertrag der Überlegungen von Ockham und Holcot mit dem Hinweis auf ihre spezielle theologische Orientierung in Frage zu stellen. Als Nominalisten hätten sie eine besondere theologische Exzentrizität kultiviert: die Annahme eines sogenannten ›Willkürgottes‹, die von den meisten Theologen und christlichen Philosophen als Sonder-, ja Irrmeinung zurückgewiesen wurde und wird. Hiergegen wird man auf Gerechtigkeit für unsere beiden Autoren bestehen müssen. Denn sie leiteten ihre moraldestruktiven Thesen keineswegs aus ihren spezifischen nominalistischen Sondermeinungen ab, sondern aus zwei zentralen Elementen des Standardtheismus, nämlich aus den beiden Gottesprädikaten Allmacht und Personalität. Ein personaler (das heißt: frei handelnder) und allmächtiger Gott kann nicht als ein Wesen vorgestellt werden, dessen Willensakten durch Moralprinzipien Grenzen gesetzt sind. Der göttliche Wille und die ihm entspringenden Normen und Befehle besitzen einen prinzipiellen Geltungsvorrang vor den moralischen Forderungen und Verboten, die wir kennen. Wer den theistischen Gottesbegriff konsequent entfaltet, kann also nicht umhin, die moralischen Regeln grundsätzlich zur Disposition zu stellen.

Ein anderer Versuch, das bei Ockham und seinem Schüler zutage tretende moraldestruktive Potential des Standardtheismus zu entschärfen, scheint aussichtsreicher zu sein. Er geht davon aus, dass es Gott zwar ohne weiteres freisteht, den Moralprinzipien zuwiderzuhandeln oder sie aufzuheben, dass er von dieser Möglichkeit aber *de facto* keinen Gebrauch macht. Im Sinne von Augustinus' Formel »Er konnte es, wollte es aber nicht [potuit, sed noluit]« (*De natura et gratia*, 7) impliziert Allmacht zwar die Freiheit, einmal gesetzte normative Ordnungen zu revidieren oder ganz aufzuheben. Damit ist jedoch nicht ausgeschlossen, dass der Allmächtige diese unverändert in Kraft lässt, weil er keinen Gebrauch von seiner unbegrenzten Freiheit macht. Gott besitzt zwar grundsätzlich eine ›absolute Allmacht‹ (*potentia absoluta*), tatsächlich aber übt er nur eine ›geordnete Allmacht‹ (*potentia ordinata*) aus. So gesehen hat er ein moralisches Regelwerk in Kraft gesetzt, das zwar keine *notwendige* Geltung (denn Gott *hätte* ein anderes erlassen können und er *kann* das einmal gesetzte revidieren oder aufheben), aber immerhin eine kontingente, faktische Geltung besitzt. Dies ändert nichts daran, dass seine Gebote, denen wir gehorchen müssen, eine verbindliche Richtschnur für unser Handeln sind, freilich nur solange sie nicht widerrufen werden.

Damit ist das Problem, auf das Ockhams und Holcots Überlegungen aufmerksam machen, jedoch nicht gelöst. Denn der prekäre Status moralischer Normen (d.h. die Möglichkeit, dass sie aufgehoben werden) ist keine am Schreibtisch von Religionsphilosophen ersonnene Idee, die bloß theoretisch in Betracht zu ziehen ist. Dies wird deutlich, wenn man konkrete Offenbarungstexte in die Überlegungen zum Verhältnis von Theismus und Moral einbezieht. Genau das hat Kierkegaard in seiner Schrift *Furcht und Zittern* getan (ausführlich hierzu Schröder: *Moralischer Nihilismus*, 65 ff. [2. Aufl. 73 ff.]). Nicht anders als Ockham und sein Schüler opponiert er gegen die Ansicht, dass »das Ethische [...] das Höchste ist« (50), also gegen den Geltungsvorrang der Moral. Wenn Gott der Herr über alles ist, ist das »Herabdrücken« der Moral zugunsten der ›höheren‹, religiösen Wertsphäre (65) unumgänglich. Bei diesen rationaltheologischen

Überlegungen hat Kierkegaard es nicht belassen, sondern die biblische Geschichte vom Isaak-Opfer herangezogen, die wie keine andere seine These von der Notwendigkeit einer religiös begründeten Suspendierung der Moral (54) konkretisiert und bekräftigt. Im Buch Genesis (1 Mose 22) lesen wir, dass Gott dem Abraham ohne Angabe von Gründen befahl, sein unschuldiges Kind Isaak zu töten. Durch diesen Befehl setzte Gott ein moralisches Verbot außer Kraft, dessen unbedingte Geltung außer Frage steht. Gerade deshalb ist diese Geschichte aufschlussreich. Im Gegensatz zu den Beschönigungen, die in der Auslegungsgeschichte von Genesis 22 vorherrschen (vgl. Hedwig: *Das Isaak-Opfer*), unterstreicht Kierkegaard mit großem Nachdruck »das Entsetzliche in Abrahams Tat« (27). Diese *moralisch* von Grund auf verwerfliche Handlung ist nun aber in *religiöser* Perspektive eine »große«, eine »wunderbare« Tat (49). Der Zumutung, die er hiermit ausspricht, ist Kierkegaard sich vollauf bewusst: Der religiöse Glaube ist ein »ungeheures Paradox [...], ein Paradox, das einen Mord in eine heilige und Gott wohlgefällige Handlung zu verkehren vermag« (ebd.). Das Buch *Furcht und Zittern* enthält einen längeren separaten Teil, der »Lobrede auf Abraham« (15 ff.) überschrieben ist, in dem der mordbereite Patriarch zum Vorbild eines Gehorsams erhoben wird, der bis zum Äußersten geht. Die Bereitschaft, aufgrund einer göttlichen Anordnung eine offenkundig verwerfliche Handlung zu begehen, zeichnet den religiösen Menschen überhaupt aus, der Gott als den Herren über alles anerkennt. Würde man dem religiösen Moralverständnis Normen implantieren, deren Geltung ihrerseits nicht auf religiösen Prämissen beruht, die prinzipiell nicht verletzt werden dürfen und auch durch einen göttlichen Befehl nicht außer Kraft gesetzt werden können, wäre dies ein Rückfall in das »Heidentum« (55). Für einen religiösen Menschen führt kein Weg daran vorbei, die Moral »herabzudrücken« (65).[53]

Man darf *Furcht und Zittern* nicht, wie es häufig geschieht, als Dokument eines theologischen Extremismus abtun. Gewiss, die Monstrosität des Gedankens der ›Suspendierung der Moral‹ mitsamt seiner Personifikation im Leitbild des mordbereiten Frommen liegt offen zutage. Und doch haben wir es mit der nachvollziehbaren Reaktion eines religiösen Denkers auf den Hegemonieanspruch der Moral zu tun, der die Religion in ihrem Kern bedroht. Nicht nur das Gottesprädikat Allmacht, auch die Heilige Schrift nötigt dazu, die ausschlaggebende Geltung der Moralprinzipien außerkraftzusetzen und zu brechen. Mit seiner Fokussierung auf die Abraham-Geschichte will Kierkegaard klarstellen: Gott *könnte* nicht nur unmoralische Handlungen befehlen, er *hat* es im Falle Abrahams getan.[54] Damit scheitert die Entschärfung des Problems durch den Gedanken der ›geordneten Allmacht‹ Gottes, der von der ihm frei stehenden Möglichkeit einer Suspendierung der Moral keinen Gebrauch macht (*potuit, sed noluit*).

Zwei weitere Aspekte des Verhältnisses von Gottesglaube und Moral sollten, obwohl sie gleichfalls über das Feld der Rationaltheologie hinausweisen, wenigstens kurz angesprochen werden. Der Standardtheismus, der einen Geltungsvorrang der Moral nicht zulässt, kann, wenn er um bestimmte offenbarungsreligiöse Lehren erweitert wird, in der politischen und rechtlichen Praxis fatale Folgen zeitigen, vor allem (1) die Legitimation religiös motivierter Gewalt im Allgemeinen sowie (2) Intoleranz und Verfolgung Andersgläubiger im Besonderen.

(1) Kierkegaard hat, wie wir sahen, die Suspendierung der Moral aus der Souveränität Gottes abgeleitet. Zugleich hat er aber davon abgeraten, dass »ein einzelner in Verwirrung hingeht und es ebenso macht [wie Abraham]« (*Furcht und Zittern*, 27). Aber welche Gründe könnten einen Frommen davon abhalten, eine moralisch verwerfliche Handlung zu begehen, wenn er davon überzeugt ist, dass Gott ihre Ausführung verlangt hat? Auf moralische Prinzipien oder sein Gewissen könnte er seine Entscheidung, Gott den Gehorsam zu verweigern, nicht stützen. Er wird daher zu allem bereit sein, da er Gott als den Herrn über alles anerkennt.[55] Tatsächlich ist es immer wieder zu realen Umsetzungen des durch Abraham verkörperten Gehorsamsideals gekommen. So hat sich Mohammed Atta, bevor er sein Flugzeug auf die Twin Towers lenkte, in seinem Testament ausdrücklich auf das »Vorbild des Ibrahim«[56], also Abrahams, berufen.

(2) Es ist ein allgemein anerkannter moralischer Grundsatz, dass niemand durch Gewalt zu bestimmten Meinungen gezwungen oder dafür bestraft werden darf, dass er einen als falsch qualifizierten Glauben hat. Dieser Grundsatz wird hinfällig, wenn man den Standardtheismus um ein Element erweitert, das den abrahamitischen Religionen eigen ist: ihr Ausschließlichkeitsanspruch. Das

Christentum erhebt ihn in zweifacher Hinsicht. Exklusiv ist zum einen die Wahrheit seiner Lehren und zum anderen der von Jesus gewiesene Weg zum Heil: »Ich bin der Weg, die Wahrheit und das Leben; niemand kommt zum Vater denn durch mich.« (Joh 14,6) Nur diejenigen, die die wahre Religion anerkennen, werden erlöst. Die Ungläubigen dagegen »werden verdammt« (Mk 16,16). Am klarsten hat Augustinus die praktischen Konsequenzen des christlichen Wahrheits- und Heilsexklusivismus in seinem *Brief an Vincentius* (*Epistula* 93) entfaltet, in dem er zeigte, dass Zwangsmaßnahmen gegen Irrgläubige nicht nur legitim, sondern geradezu geboten sind. Dieser Text aus dem Jahre 408, ein Traktat in Briefform, enthält die historisch wirkmächtigste Legitimation der Intoleranz, die je geschrieben wurde. Denn seine Hauptgedanken fanden im 12. Jahrhundert Eingang in das *Corpus iuris canonici*, und so wirkten sie in der Rechtspraxis seit dem Mittelalter bis weit in die Neuzeit fort. Zudem ist der Vincentius-Brief unter den vielen einschlägigen Texten der christlichen Tradition in seiner argumentativen Transparenz unübertroffen.[57]

Sein Thema ist der Umgang mit Irrgläubigen innerhalb der christlichen Gemeinschaft. Während Heiden aus Augustinus' Sicht die Todesstrafe (»capitale supplicium«, 93,10) verdienen, sind im Hinblick auf christliche Häretiker Abschreckungsmaßnahmen (»terror«; 93,1) und Gewalt (93,5) geboten. Ihr Einsatz erfolgt aus »väterlicher Fürsorge« (93,1) und »im Dienste der Liebe« (93,8), damit die Irrgläubigen zur Anerkennung des wahren Glaubens geführt und »im Schafstall des Friedens zusammengebracht werden« (93,19). Abschreckung/*terror* »im Dienste der Liebe« – Äußerungen wie diese mögen unmittelbar zynisch wirken. Aber das sind sie keineswegs. Denn Augustinus legt die Prämissen offen, aus denen er die Pflicht zur Intoleranz und zum Einsatz von Gewalt gegen Andersgläubige ableitet. Und diese Prämissen – jedenfalls die zweite – sind nicht willkürlich von ihm gesetzt. Nämlich erstens: Wer nicht an die einzig wahre Religion glaubt, geht des Heils verlustig und fällt der ewigen Verdammnis anheim. Und zweitens: Wir sind zur Nothilfe verpflichtet, wenn Mitmenschen von größtem Schaden bedroht sind. Je größer der drohende Schaden, desto einschneidendere Maßnahmen dürfen bzw. müssen wir ergreifen. Die erste Prämisse ist durch die Heilige Schrift verbürgt. Das Herrenwort

»Wer nicht glaubt, wird verdammt« (Mk 16,16) ist nur eine von zahllosen einschlägigen biblischen Aussagen. Die zweite Prämisse ist ein moralischer Gemeinplatz. Aus beiden Prämissen folgt, dass der Irrglaube, der unfehlbar die ewige Verdammnis nach sich zieht, nicht toleriert werden darf. Es ist falsch zu meinen, »man dürfe dem Menschen keine Gewalt antun, um ihn von einem verderblichen Irrtum zu befreien« (93,5). Würden wir nämlich den Irrtum »ertragen« (Augustinus benutzt das Wort »tolerare«; 93,2), würden wir also »nichts tun, wodurch [die Irrenden] in Schrecken [terror] gesetzt und gebessert werden könnten, so würden wir in Wahrheit Böses mit Bösem vergelten« (ebd.). Das Vergehen, dessen wir uns schuldig machen würden, wäre die moralisch verwerfliche Verletzung der Beistandspflicht gegenüber den von ewiger Verdammnis Bedrohten.[58] Augustinus legitimiert gewaltsame Übergriffe auf Andersgläubige. Aber es sind Übergriffe *zugunsten* der von ihnen Betroffenen. Die kirchlichen und staatlichen Obrigkeiten, die Gewalt gegen Irrgläubige ausüben, tun dies »servientes caritati«, d.h. sie »erweisen ihnen einen Liebesdienst« (93,8).

Der Ausgangspunkt der Überlegungen in diesem Paragraphen – der Einwand, der Atheismus führe zu einem Zusammenbruch der Moral – ist zwar als solcher abwegig, aber doch auf eine indirekte Weise erhellend. Denn entgegen den Intentionen derer, die ihn ins Feld führen, macht er auf einen wichtigen Aspekt des Verhältnisses von Religion und Moral aufmerksam, indem er zu einer Retorsion einlädt, also sozusagen einen Bumerang-Effekt hat: *Wenn* der allmächtige Gott existierte, wäre nicht zu sehen, wie an dem prinzipiellen Geltungsvorrang der Moral festgehalten werden kann. Vielmehr würde gelten: »anything may be right« (s. Anm. 54). Mehr noch: Moralische Normen stehen nicht nur *grundsätzlich* zur Disposition – sie können auch *in der Praxis* außer Kraft gesetzt werden. Diese Feststellung ist von besonderem Gewicht, weil es sich bei ihr nicht bloß um einen Vorwurf handelt, der von atheistischer Seite an die Adresse des Theismus gerichtet worden ist. Vielmehr waren es theistische Denker wie Ockham und Kierkegaard, die diese Implikation des Gottesbegriffs redlicherweise nicht nur nicht verschwiegen, sondern ausdrücklich hervorgehoben haben, um den für den Theismus unaufgebbaren Gedanken der Souveränität Gottes vor Aufweichungen zu bewahren.

FÜNFTES KAPITEL

ATHEISMUS UND ALTERNATIVE GOTTESKONZEPTIONEN

1 Alternative Gotteskonzeptionen sind, je nachdem, wie sie im Einzelnen ausgeführt sind, von den Einwänden, die von atheistischer Seite gegen den Standardtheismus erhoben werden, nicht betroffen. Es überrascht daher kaum, dass manche Autoren die Annahme eines allmächtigen und allgütigen Welturhebers als obsolete »perfect being theology«[59] verabschieden und sich stattdessen *Alternative Ultimate Realities* (Diller/Kasher) oder *Alternative Concepts of God* (Buckareff/Nagasawa) zuwenden, um diese als zeitgemäße und kritikresistente Nachfolgegestalten des klassischen Theismus ins Spiel zu bringen. So soll etwa durch Modifikationen im Set der Gottesattribute Immunität gegen den Theodizee-Einwand erreicht werden: Ein nicht mehr als allmächtig aufgefasster Gott wäre nicht für die Übel in der Welt haftbar zu machen. Auch ein starker, von Wolfgang Detel (*Warum wir nichts über Gott wissen können*) entwickelter Einwand würde ins Leere laufen. Ihm zufolge ist die standardtheistische Auffassung Gottes als unendlicher Geist widersprüchlich, weil unter ›Geist‹ begrifflich notwendig ein lernfähiges (also fehleranfälliges und damit endliches) System zu verstehen ist. Von diesem Einwand wäre eine Konzeption nicht betroffen, die darauf verzichtet, Gott überhaupt personale Eigenschaften wie Geist zuzuschreiben.

2 Die verbreitete Zuversicht, dass alternative Gotteskonzeptionen gegen die Kritik resistent sind, die gegen den Standardtheismus vorgebracht wird, erscheint jedoch bereits in einem zweifelhaften Licht, wenn man einen Blick auf die nicht nur in der Geschichte der Philosophie anzutreffende, sondern auch heute noch vertretene alternative Gotteskonzeption des Pantheismus wirft. Die Reihe der Philosophen, die als Pantheisten gelten, reicht bis in die Antike zurück. Dieses Etikett ist jedoch nicht allein mit erheblichen

begrifflichen Schwierigkeiten verbunden; es passt auch nicht auf viele der gewöhnlich so bezeichneten Philosophen. Denn im Kern beinhaltet ›Pantheismus‹ die Auffassung, dass Gott und die Welt (»the totality of all that is«) *identisch* sind (Sprigge: *Pantheism*, 197). Diese These wurde jedoch von vielen üblicherweise als Pantheisten etikettierten Philosophen nicht vertreten.

So liegt eine grobe Vereinfachung vor, wenn Spinoza, nach verbreiteter Auffassung dem Pantheisten *par excellence*, eine solche simple Gleichsetzung von Gott und Welt unterstellt wird. Dem liegt ein populäres Missverständnis seiner vielzitierten, wortwörtlich ›pantheistisch‹ klingenden Formel *deus sive natura* (*Ethik*, IV.4) zugrunde. Die gegenwärtig kursierenden Deutungen der Metaphysik Spinozas sind irritierend vielfältig. Das Spektrum reicht von Interpretationen, die sie in die Nähe des klassischen Theismus rücken (De Dijn: *Spinoza*), bis zu dem Versuch, den Atheismus als die eigentliche Botschaft der *Ethik* des niederländischen Philosophen auszumachen (Nadler: *Benedictus Pantheissimus*; Mori: *Early Modern Atheism*, 35 ff.). Einige Punkte sind jedoch unstrittig: (1) Spinoza hat die Formel *deus sive natura* (»Gott, d. i. die Natur«) dahingehend erläutert, dass der von ihm neu definierte Gottesbegriff die ›hervorbringende Natur‹ (*natura naturans*), nicht aber die ›hervorgebrachte Natur‹ (*natura naturata*), die Gesamtheit der raumzeitlichen Gegenstände bezeichnet (*Ethik*, I.29, schol.). (2) Gott und die Welt der Einzeldinge werden in der *Ethik* ausdrücklich als Ursache und Wirkung voneinander unterschieden (I.17, schol.; I.25). (3) Spinozas *deus* ist kein transzendentes, außerweltliches Wesen, sondern die immanente Ursache der Welt (*causa immanens*; I.18). (4) Wir können zwei seiner Attribute – Denken und Ausdehnung – erkennen; die personalen Attribute des standardtheistischen Gottes besitzt er jedoch nicht: Er ist nicht menschenähnlich, denn er hat keinen Verstand und keinen Willen, er verfolgt keine Zwecke, er führt keine Handlungen aus (I.17 schol.). An dieser Stelle ist nicht nachzuzeichnen, wie Spinoza diese Thesen begründet (vgl. Haag/Wild: *Philosophie der Neuzeit*, 46 ff.). Die Unangemessenheit des Etiketts ›Pantheismus‹ für Spinozas Metaphysik dürfte jedoch deutlich geworden sein (vgl. auch Schröder: *Deus sive natura: Über Spinozas sogenannten ›Pantheismus‹*).

Man muss kein Neopositivist sein, um an der sinnlosigkeitsverdächtigen Vorstellung, die das Wort ›Pantheismus‹ weckt, Anstoß zu nehmen: Die Rede von einem Gott, der mit der Totalität der raumzeitlichen Einzeldinge *identisch* ist, lehnte schon Leibniz in einem Brief an John Toland als ein unseriöses und nichtssagendes Wortspiel ab: »ce seroit [...] ne rien dire sous de belles paroles« (385 f.). In seinen *Parerga und Paralipomena* sekundierte Arthur Schopenhauer ihm später mit der Bemerkung: »Die Welt Gott nennen heißt [...] nur die Sprache mit einem überflüssigen Synonym des Wortes ›Welt‹ zu bereichern.« (106) Leibniz ging offenbar davon aus, dass Begriffsrevisionen Grenzen gesetzt sind. So wie wir nicht frei sind, ›Kentauren‹ als eine Art von Pflanzen zu definieren, können wir auch ›Gott‹ nicht beliebig neu bestimmen. Die Grenzen der Begriffsrevision sind in unserem Falle durch zwei Eigenschaften gesetzt, die – bei aller Vielfalt der philosophischen Gottesbegriffe – allen Varianten gemeinsam sind: ›Gott‹ steht erstens für ein *einheitliches* Wesen, nicht für ein Kompositum oder Aggregat. Und zweitens ist allen theistischen Gottesbegriffen die Abgrenzung der göttlichen Erstursache von der Welt gemeinsam. Hiergegen verstößt die Rede von einem mit dem Universum identischen Gott in eklatanter Weise.[60]

Es verwundert daher nicht, dass der im Wortsinn verstandene Pantheismus kaum von professionellen Philosophen, sondern vornehmlich von Dichtern und schwärmerischen Denkern im Grenzbereich von Religion und Philosophie vertreten wurde (vgl. Schröder: *Deus sive natura*). Prominente Beispiele sind Lessing, der den sogenannten Pantheismusstreit der Spätaufklärung auslöste, Herder, Goethe und Novalis.[61] In die Kategorie semiprofessioneller Philosophen gehört auch der ursprünglich ganz unschwärmerische, zunächst von Locke und Spinoza inspirierte John Toland, der gemeinhin, aber zu Unrecht als Schöpfer des Terminus *pantheism* gilt.[62] In seinem 1720 erschienenen Spätwerk *Pantheisticon* entwirft Toland die Skizze einer pantheistischen Weltanschauung (vgl. Schröder: *Ursprünge*, 327 ff.), die er nicht nur als *philosophischen* Gegenentwurf zum Theismus, sondern darüber hinaus als eine Alternativ-*Religion* empfiehlt. Dies macht er dadurch sinnfällig, dass er in sein *Pantheisticon* eine – wie ein Missale rot-schwarz gedruckte – pantheistische Liturgie mit sakralem Wechselgesang und

Hymnen auf das göttliche Universum aufnimmt (57–74). Solche Religionssurrogate sind (wie zu Beginn des 20. Jahrhunderts Wilhelm Ostwalds *Monistische Sonntagspredigten*) von nicht geringem religions- und kulturgeschichtlichem Interesse. Sie verdienen auch in philosophie*historischer* Perspektive Aufmerksamkeit. Denn sie sind aufschlussreiche Begleiterscheinungen der in der Aufklärung von Philosophen in Gang gesetzten Kritik und (in der Philosophie und in den Wissenschaften) fortschreitenden Verdrängung der Religion. Der in der Aufklärung sich erstmals formierende und im 19. Jahrhundert weite Kreise unter den Gebildeten erreichende Atheismus führte zu einer von vielen als unerträgliche Profanierung empfundenen Entzauberung der Welt. Für den Bedarf an Surrogaten, den die Traditions- und Religionskritik der Moderne bei vielen Zeitgenossen erzeugte, sind der Pantheismus und seine Konjunktur im 18. und 19. Jahrhundert, als Heinrich Heine ihn »die verborgene Philosophie Deutschlands« nannte (*Zur Geschichte der Religion und Philosophie in Deutschland*, 571), ein typisches Beispiel. Von *philosophischem* Interesse scheint er jedoch nicht zu sein.

Angesichts seines dilettantisch-weltanschaulichen Zuschnitts liegt die Vermutung nahe, dass der Pantheismus in der gegenwärtigen Philosophie keine Rolle spielt. Aber das ist nicht der Fall. Als attraktive und seriöse *non-theistic concepts of deity* werden diverse Spielarten des Pantheismus (Sprigge: *Pantheism*, 192–196, listet elf Varianten auf) auch heute noch verteidigt und auch von akademischen Philosophen als »eine Bereicherung im Spektrum religiöser Optionen« ins Spiel gebracht (Wolf: *Pantheismus*, 11). Auch aus anderen Erwägungen wird dafür votiert, den Glauben an den »Big Daddy in the Sky«[63] zugunsten einer pantheistischen Weltanschauung zu verabschieden.

Wenn wir uns der Frage zuwenden, welche *philosophischen* Theorien heute unter der Flagge des ›Pantheismus‹ segeln und diesen als alternative Gotteskonzeption empfehlen, ist zunächst das Bemühen festzustellen, die bereits von Leibniz monierten begrifflichen Schwierigkeiten zu vermeiden, die mit der banausischen Formel ›Gott = Universum‹ verbunden sind. So wird der zweite Wortbestandteil von ›Pan-Theismus‹ zumeist nunmehr adjektivisch verstanden. An die Stelle der Identifikation der Welt mit einem substantialistisch verstandenen Gott tritt die Auszeichnung des Universums als »göttlich« oder »heilig«. Selbst Daniel Dennett hat sich einmal – in einer schwachen Stunde? – zu einer in seinem Munde überraschend klingenden Frage und einem noch erstaunlicheren Bekenntnis hinreißen lassen: »Is something sacred? Yes, say I with Nietzsche. […] The world is sacred.« (*Breaking the Spell*, 244 f.). Das Attribut ›göttlich‹ ist dann allerdings nur noch sprachlich mit dem Ausdruck ›Gott‹ verbunden und hat die Verbindung mit dem *Begriff* ›Gott‹, zu dessen Merkmalen Transzendenz, Allmacht, Allgüte und Personalität gehören, verloren.

Bietet der so verstandene Pantheismus das, was man von einer Position erwarten kann, die als Alternative sowohl zum Standardtheismus als auch zum Atheismus ins Spiel gebracht werden kann? Die Abkehr von der standardtheistischen Idee eines transzendenten und als Person aufgefassten Gottes ist allen Spielarten des Pantheismus gemeinsam. Zugleich wird – gegen den Atheismus – ein Element von Religion bewahrt, indem das Universum als ›göttlich‹ und ›heilig‹ bezeichnet wird. Es ist allerdings nicht zu sehen, inwiefern es sich bei diesen stets vage bleibenden Worten um gehaltvolle Aussagen über die Welt handelt. Eher wird damit eine *Haltung* zur Welt beschrieben, der der Pantheist mit Ehrfurcht und Liebe entgegentritt. Mit der Rede von der »divinity« und »holiness« (Levine: *Pantheism*, 53 f.) des Universums »widersetzt sich [der Pantheismus] der Entzauberung« der Welt (Wolf: *Pantheismus*, 11). Dabei verblüfft die Unbefangenheit, mit der sich manch ein Philosoph, statt sich um begriffliche Klärungen zu bemühen, in anheimelnden Auslassungen über »Stimmungen einer All-Einheit und All-Verbundenheit« (ebd.) ergeht.

Wenn man sich zu wohlwollender Aufgeschlossenheit durchringt und von der feierlichen und immer wieder in Kitsch abgleitenden Orchestrierung pantheistischer Bekenntnisse abzusehen bereit ist (obwohl diese ihnen nicht äußerlich ist), stellt sich als erstes das Problem der Abgrenzung des Pantheismus vom Atheismus. Nicht erst Richard Dawkins konnte angesichts der expliziten Zurückweisung des Begriffs eines transzendenten Gottes durch die Pantheisten deren Position mit Recht als »sexed-up atheism« ironisieren (*The God Delusion*, 40). »Unter Gott«, so wandte schon Thomas Hobbes gegen den Pantheismus ein, »versteht man die Ursache der Welt [the cause of the World]«. Deshalb ist die Identifikation von Gott und Welt nichts anderes als Atheismus: »to say the World is God, is to say there is no cause of it, that is, no God.« (*Leviathan*, II.21). Später – und auf der anderen Seite der weltanschaulichen Frontlinie – hat der anglikanische Theologe John Richardson Illingworth den Pantheismus als einen obendrein geschmacklich bedenklichen Etikettenschwindel bezeichnet: »Pantheism is [...] really indistinguishable from materialism; it is merely materialism grown sentimental« (*Divine Immanence*, 69).

Insgesamt führt der Versuch, den theoretischen Gehalt des Pantheismus zu fassen, zu einem wenig befriedigenden Ergebnis: Entweder handelt es sich um Atheismus und folglich um keine eigenständige metaphysische Position. Oder wir haben es überhaupt nicht mit einer metaphysischen Position zu tun, sondern lediglich mit der religiösen *Tönung* eines immanentistischen, nicht-theistischen Weltbildes und einer quasi-religiösen *Haltung* dem ›göttlichen Ganzen‹ gegenüber: »He, she or it is the one proper object of worship« (Sprigge: *Pantheism*, 193).

Eine solche Haltung setzt sich allerdings einem schlichten, aber doch zur Sprache zu bringenden Einwand aus. Wie kann man dieses Universum voller Leiden und Übel ohne Zynismus als göttlich und heilig auszeichnen? Man ahnt, welche gedanklichen Verrenkungen nötig sind, um angesichts der Übel, die in der »all-inclusive divine Unity« (Levine: *Pantheism, Theism and the Problem of Evil*, 142) enthalten sind, eine ›Kosmodizee‹ jenseits leerer Rhetorik zu liefern. Sie brauchen hier nicht dargestellt und diskutiert zu werden. Stattdessen genügt es, Schopenhauer an dieser Stelle das letzte Wort zu geben, der in seinen *Parerga und Paralipomena* lakonisch notierte, angesichts der »gequälten Welt« sei der Weg »vom Theismus zum Pantheismus« ein »Übergang vom Unerwiesenen und schwer Denkbaren zum geradezu Absurden« (107).

3 Andere alternative Gotteskonzeptionen verwerfen nicht die Transzendenz Gottes, wohl aber bestimmte Gottesattribute des klassischen Theismus. Das zugrundeliegende Motiv ist offensichtlich die Abwehr atheistischer Einwände. Selbstverständlich findet etwa der Theodizee-Einwand keinen Angriffspunkt mehr, wenn die Annahme der Allmacht Gottes fallengelassen wird. Ein mit nur begrenzter Macht ausgestatteter Gott kann für die Exis-

tenz von Übeln in der Welt nicht belangt werden. Die maximale Kritikresistenz ist erreicht, wenn die klassischen Gottesattribute gänzlich aufgegeben werden und Gott etwa mit Paul Tillich nur mehr als »das, was uns unbedingt angeht«/»the fundamental symbol of our ultimate concern«[64] bestimmt wird. Ähnlich hat jüngst John L. Schellenberg dazu geraten, die Wendung »from theism to ultimism«, also zu der Anerkennung einer nicht näher bestimmten »letzten Realität« zu vollziehen, und für diese Position den Terminus *ultimism* vorgeschlagen.[65] Da Schellenberg sich wiederum auch nicht jede Aussage über diese ›Realität‹ versagen will, kommt es unvermeidlich zu manch einem Absturz in Formen des Theorie-Kitsches[66], die in der Philosophie ihresgleichen suchen.

Ein Tiefpunkt im Prozess der inhaltlichen Entkernung dessen, was einmal ›Theismus‹ hieß, wurde erreicht, als ein inzwischen zum religionsphilosophischen terminus technicus avanciertes Wort geprägt wurde, das seinen Ursprung in dem am dramatischsten säkularisierten Land Westeuropas, in den Niederlanden, hat: *ietsism*[67]; im Englischen ist auch das gleichbedeutende *somethingism* gebräuchlich. Das niederländische Wort *iets* bedeutet ›etwas‹/›irgendetwas‹, und so steht *ietsism* für eine nicht-säkulare, religiöse Einstellung zu einem unbestimmten außerweltlichen ›Etwas‹, einem irgendwie ›Sinnstiftenden‹, das an die Stelle des traditionellen Gottes tritt. Was man unmittelbar für eine Parodie zu halten verführt sein könnte, ist tatsächlich die bislang letzte und wohl kaum überbietbare, aber durchaus ernstgemeinte Metamorphose oder Nachfolgegestalt des klassischen Theismus. Bei dem Versuch, diesen Pudding an die Wand zu nageln, müssen Atheisten, wie es scheint, den Hammer aus der Hand legen.

Es wäre jedoch voreilig, es dabei zu belassen. Grundsätzlich muss man ja, um eine philosophische Position angemessen zu würdigen, auch den Verlauf der Debatte berücksichtigen, in der sie sich formiert hat. Insbesondere in diesem Falle sollte man nicht vergessen, welchen Ausgangspunkt die Theismus-Atheismus-Diskussion einst hatte und welchen Verlauf sie nahm. Ursprünglich standen sich zwei Parteien gegenüber, die jeweils klar definierte Auffassungen von Gott verteidigten bzw. angriffen. Thomas von Aquin und Leibniz (und heute etwa Swinburne oder Tetens) traten Kritikern des von ihnen verfochtenen und präzise definierten Theismus entgegen. Der Weg, der von dieser Konstellation zu der gegenwärtigen Debattenlage, in der sich Atheismus und inhaltlich entkernte Nachfolgegestalten des Theismus gegenüberstehen, ist bemerkenswert. Er lässt sich nicht anders beschreiben, als dass die heutigen Nachfahren des Theismus – nicht dem Label, wohl aber der Sache nach – die Position ihrer neopositivistischen Gegner und ihrer Vorläufer übernommen haben, die den Gottesbegriff zu den »noms vagues et vuides de sens« gerechnet (so im frühen 18. Jahrhundert der anonyme *Ps.-Vallée*, 253) und den Sinnlosigkeitsvorwurf gegen ihn erhoben haben. Unübersehbar ist Ausdrücken wie *ietsism* und *ultimism* die Inhaltsleere auf die Stirn geschrieben, und es ist keine Übertreibung, wenn Tillichs Definition Gottes als *ultimate concern* als »a kind of sophisticated atheism« bezeichnet wird (Cliteur: *The Definition of Atheism*, 4). Was gegen den Atheismus verteidigt wird, ist – im Falle Tillichs – nur mehr ein abgespecktes und reduziertes Christentum (»a low-fat and low-carb Christianity«) oder – im Falle von Schellenberg, Elliott und anderen Verfechtern eines *ultimism*, *ietsism* oder *somethingism* – eine verwässerte Spiritualität, die so vage ist, dass sie mit nichts mehr im Widerspruch steht und infolgedessen gar nichts aussagt (Sinnott-Armstrong: *Overcoming Christianity*, 74.).

Wenn man den Verlauf der Debatte zwischen den Theisten und ihren Kritikern in Rechnung stellt, sieht man leicht, dass es sich bei den alternativen Gotteskonzeptionen um dubiose Manöver in Rückzugsgefechten handelt. Dubios sind sie, weil die Nachfahren der Theisten die Neubestimmung bzw. Aushöhlung der Gottesprädikate in der Kontroverse mit den Atheisten *ad hoc* vornehmen. Ein Beispiel ist die These, Gottes Macht sei nicht unendlich, sondern endlich, die nicht nur von Hans Jonas, sondern von zahlreichen Kritikern der *perfect being theology* und ihrer Vorstellung eines »maximal God« (s. Anm. 59) verteidigt wird. Diese Behauptung verdankt sich nicht neuen, unabhängig von der Theismus-Atheismus-Kontroverse gewonnenen Einsichten in die Natur Gottes, die zu einer Revision des klassischen Gottesbildes zwängen. Welchen von strategischen Erwägungen im Rahmen der Theodizee-Debatte unabhängigen Grund könnte es geben, Gott das klassische Allmachtsprädikat abzusprechen?

Georg Büchner hatte nicht zu hoch gegriffen, als er den Widerspruch zwischen göttlicher Allmacht und Allgüte einerseits und der Existenz des Übels andererseits als den »Fels des Atheismus« (*Dantons Tod*, 3. Akt, 1. Szene) bezeichnete. Diesen Haupteinwand gegen den Theismus beiseitezuschaffen, ist das offensichtliche Motiv hinter dem Vorschlag, das Allmachtsattribut zu ermäßigen. Dass es die zweite Hälfte des 20. Jahrhunderts war, in der dieses Motiv massiv wirksam wurde, ist gleichfalls leicht nachvollziehbar. Versuche einer Verteidigung der Allmacht und Allgüte Gottes nahmen sich immer schon wie Verharmlosungen der realen Übel aus. Sie waren es bereits im 18. Jahrhundert, als das Erdbeben von Lissabon die Theisten herausforderte – und wie erst wird man derlei beurteilen, wenn man an die monströsen Verbrechen des 20. Jahrhunderts denkt? Insbesondere war es die Shoah, die manche Theologen und Philosophen dazu veranlasste, die Rede von der Allmacht Gottes einzustellen, die angesichts dessen, was geschah, der blanke Zynismus ist. Der Gott, der das unnennbare Grauen des 20. Jahrhunderts zugelassen hat, ist, so Hans Jonas, »nicht ein allmächtiger Gott«.[68] Sicherlich liegt hier ein nachvollziehbares *Motiv* vor: Der *perfect being theism* verhöhnt die Opfer der Geschichte. Aber das ist selbstverständlich kein *Grund*, der die Aussage rechtfertigt, Gott verfüge nur über begrenzte Macht.[69] Hinzu kommt, dass die Preisgabe des Allmachtsattributs eine klare Absage an den Standardtheismus ist.

Vollends ist die Entsorgung sämtlicher Gottesprädikate à la Tillich oder Schellenberg eine Bankrotterklärung des Theismus. Auf plastische Weise hat Antony Flew diesen Prozess der Aushöhlung des Gottesbegriffs, an dessen Ende der *ultimism* steht, in seinem Aufsatz *Theology and Falsification* beschrieben. Der einst gehaltvolle Theismus wurde, indem ein Gottesprädikat nach dem anderen ermäßigt und schließlich über Bord geworfen wurde, »scheibchenweise zugrunde gerichtet [killed by inches]« und erlitt »den Tod durch tausend Einschränkungen [the death by a thousand qualifications]« (97). Mit geradezu prophetischen Worten hatte bereits Jacob Bernays um die Mitte des 19. Jahrhunderts diese für die christliche (insbesondere protestantische) Theologie charakteristische Weise des Zugrundegehens in seinen *Auszügen und Einfällen* bildlich, aber präzise beschrieben: »Die Religionen verwesen bevor sie sterben und haben eine Fortdauer nach dem Tode.« (147) Am

Ende, etwa bei Tillich, ist ›Gott‹ nurmehr eine Worthülse, deren Inhalt abhandengekommen ist. Auch wenn es eigentlich das Ziel von Atheisten ist, den Theismus zu *widerlegen*, könnten sie mit dem selbst erklärten Bankrott, auf den die Preisgabe seiner Kernaussagen hinausläuft, schon halbwegs zufrieden sein.

4 Einen weiteren, bedenkenswerten Hinweis verdanken wir Papst Benedikt XVI. (Joseph Ratzinger), der in einer vielbeachteten, im September 2011 in Erfurt gehaltenen Ansprache grundsätzlichen Einspruch gegen das Vorhaben erhob, alternative Gotteskonzeptionen zu entwickeln. Der Kern seiner Intervention ist knapp und präzise formuliert: »Ein selbstgemachter Glaube ist wertlos. Der Glaube ist nicht etwas, was wir ausdenken und aushandeln.« (zit. nach Huber: *Das Denken J. Ratzingers*, 291) Ernstzunehmen ist Ratzingers Hinweis aus begrifflichen Gründen. Dazu muss die klassische, aber auch heute noch zumeist akzeptierte Bestimmung des Verhältnisses in Erinnerung gerufen werden, in welchem philosophische bzw. rationale Theologie und Offenbarungsreligion(en) zueinander stehen (s. o. Einl.2). Den Bemühungen der rationalen Theologie, mit ›bloßer Vernunft‹, also ohne Rekurs auf Offenbarung, wahre Aussagen über Gott zu treffen, sind enge Grenzen gesetzt. Ihr Ertrag sind – günstigenfalls – lediglich einige wenige Aussagen über die Existenz und die Eigenschaften Gottes. Dem ist auch aus einer religiös neutralen Perspektive zuzustimmen. Die Quelle weitergehender, rational unzugänglicher Bestimmungen des Gottesbegriffs kann allein Offenbarung sein. Eine Offenbarungsreligion bezieht ihre Autorität nun aber von dem sich in heiligen Büchern manifestierenden Gott. Sie ist, wie Ratzinger zu Recht betont, nicht »selbstgemacht«; sie wird von ihren Anhängern als Kundgabe Gottes verstanden. Die Abkünftigkeit von Gott (auch dem lässt sich aus einer religiös neutralen Perspektive zustimmen) ist ein notwendiges begriffliches Merkmal von ›Religion‹. Hierauf beruht das sachliche Gewicht der Intervention Ratzingers. Das Vorhaben, religiöse Lehren aus debattenstrategischen Erwägungen oder nach Maßgabe menschlicher Interessen zu fabrizieren, ist prinzipiell verfehlt (vgl. auch Kutschera: *Vernunft und Glaube*, 87 und 221).

Indessen *hat* man immer wieder alternative Theorien über Gott am Schreibtisch entwickelt. Philosophierende Dilettanten haben sich mancherlei ausgedacht und diverse Glaubens-Cocktails zusammengestellt. ›Religion‹ ist das jedoch aus den genannten begrifflichen Gründen nicht. In den Sammelbänden von Buckareff/Nagasawa und Diller/Kasher finden sich konsternierende Beispiele dafür, mit welcher Hemmungslosigkeit ausdrücklich als philosophisch deklarierte Theorien über *alternative ultimate realities* produziert und auf dem Markt der Weltanschauungen feilgeboten werden. Geradezu Schulbeispiele für wunschgeleitete Spekulation bietet etwa Schellenberg, der seinen Lesern versichert, dass die wolkige »ultimate reality«, die er an die Stelle des theistischen Gottes setzt, unsere »tiefsten Bedürfnisse« berücksichtigen wird: »the universe or our environment in the largest sense [...] is not indifferent to our deepest needs«. Wir könnten sogar auf »some sort of afterlife for at least some of us« hoffen (*The Will to Imagine*, 32). Wodurch solche Erwartungen gerechtfertigt sind, erfahren wir nicht – wir haben es mit purem Wunschdenken zu tun. In dem Urteil, dass solche weltanschaulichen Religionssurrogate Degenerationsformen rationaler Theologie und keine ernstzunehmenden Alternativen zum Standardtheismus sind, dürften sich Atheisten und christliche Theisten einig sein, und dies mit guten Gründen, wenn denn der begriffliche Unterschied zwischen Religion und weltanschaulichem Wunschdenken nicht verwischt werden soll.

SECHSTES KAPITEL

IST DER ATHEISMUS MIT VERLUSTEN VERBUNDEN?

1 Ob es Gründe für die Annahme der Existenz Gottes gibt, ist eine Frage der theoretischen Philosophie, in erster Linie der Metaphysik. Aber die Antworten auf diese Frage haben nicht nur theoretische, sondern auch erhebliche existentielle Implikationen. Denkt man über sie nach, begibt man sich auf ein ausgesprochen heikles Terrain. Denn es kommen hier möglicherweise dubiose Intuitionen sowie Interessen und Wünsche ins Spiel, die das wahrheitsgerichtete Nachdenken über diese Thematik beeinträchtigen. Trotzdem: Der Frage nach den existentiellen Folgen des Atheismus ist nicht auszuweichen. Was bedeutet es für das Leben, das wir führen, wenn wir davon überzeugt sind, dass es keinen Schöpfer, keinen uns zugewandten Weltenlenker, keinen Erlöser und keinen Richter am Ende der Zeiten gibt? Die frohgemute Haltung der Atheisten, die im Jahre 2008 einen Bus mit der Aufschrift »There's probably no God. Now stop worrying and enjoy your life« durch die Londoner Innenstadt schickten (s. o. S. 14), ist nicht recht befriedigend. Denn sie verkennt womöglich, dass Atheisten tatsächlich etwas fehlt, das Menschen, die an einen Gott glauben, Halt und Trost gibt. Was aber ist mit den diffusen Schlagworten ›Halt‹ und ›Trost‹ gemeint? Worin genau bestehen die Einbußen, die ein Atheist hinzunehmen hat?

Diese Frage wird nicht selten durch die Tatsache in den Hintergrund gedrängt, dass die Religionskritik auf die Befreiung von einer Illusion und die Überwindung von Einstellungen zielt, die sich immer wieder in der individuellen und kollektiven Praxis fatal ausgewirkt haben. Von Anbeginn gehörte es zum Selbstverständnis der meisten Atheisten, dass mit der Kritik der metaphysischen These, dass Gott existiert, auch den Religionen mit ihren praktischen Handlungsanweisungen die Grundlage entzogen werden soll. Zu den Folgen der Religionskritik seit der Aufklärung, die weit über den Bereich der akademischen Philosophie hinausreichen, gehören historische (wenngleich nur teilweise durchgesetzte) Errungenschaften wie die Überwindung von Intoleranz und Glaubenszwang sowie der religiös begründeten Ungleichbehandlung der Geschlechter, die Sicherung einer autonomen, nicht durch religiöse Normen und Wertvorstellungen regulierten Lebensführung oder die Eindämmung religiös motivierter Gewalt, die allerdings eher als eine Aufgabe denn als eine bereits erreichte Errungenschaft zu betrachten ist. Mit diesen Hinweisen, die kaum der Erwähnung bedürfen, ist jedoch nicht alles über die Folgen des Atheismus gesagt. Man kann ja nicht darüber hinwegsehen, dass der Wegfall des Glaubens an Gott tatsächlich Lücken hinterlässt. Zwei Posten stehen in der Verlustbilanz des Atheismus obenauf.

Mehr als offensichtlich sind die Konsequenzen für die individuelle Lebensführung. Natürlich ist das Leben eines Atheisten ein anderes als das eines Menschen, der an einen Gott glaubt, welcher seine Gebete erhört und ihm ein ewiges Leben verheißt. Als der britische Schriftsteller Julian Barnes einmal äußerte, er »glaube nicht an Gott, vermisse ihn aber«, tat sein eigener Bruder, der Philosophiehistoriker Jonathan Barnes, diese Bemerkung als »kitschige [soppy]« Entgleisung ab (*Nothing to Be Frightened of*, 1). Aber macht man sich des Abgleitens in Sentimentalität schuldig, wenn man Julian Barnes' Einstellung teilt? Natürlich geht es geht hier um mehr als nur um eine Geschmacksfrage. Denn selbstverständlich haben die Religionen, deren Fundierung und Verteidigung das Ziel der rationalen Theologie ist, einen erheblichen Einfluss auf das Leben derer, die an sie glauben. Dieser ist zwar durchaus ambivalent. Man denke an die Aussicht auf Sanktionen im Jenseits auch für Handlungen, die allein aus religiöser Perspektive Vergehen sind, wie etwa Apostasie oder bestimmte sexuelle Praktiken. Und doch wird auch ein religiös unmusikalischer Außenstehender die Tatsache zur Kenntnis nehmen müssen, dass die Verheißung einer Vergebung der Sünden und eines Lebens nach dem Tod vielen Gläubigen Trost spendet und das Vertrauen auf die göttliche Vorsehung, die ihre Geschicke zu ihrem Wohle lenkt, ihnen existentiellen Halt gibt.

Hinzu kommt ein weiterer Verlust: Wenn es keinen richtenden Gott gibt, bleibt Unrecht ungesühnt, und es gibt keinen Ausgleich für die von ihm Betroffenen. Dieser Gedanke hat auch vielen Philosophen keine Ruhe gelassen. Adorno (*Negative Dialektik*, 378) hat nicht übertrieben, als er die »Unausdenkbarkeit der Verzweiflung« als das Motiv hinter Kants Gottespostulat ausmachte: Nur ein allmächtiger und allgütiger Gott kann ja gewährleisten, dass das Glück und das Leben in Würde, das einem Menschen auf Erden versagt war, obwohl er es verdiente, ihm im Jenseits zuteilwird. Was anderes als Verzweiflung könnte die angemessene Reaktion darauf sein, dass den Opfern der Geschichte niemals Gerechtigkeit widerfahren wird (vgl. Tetens: *Gott denken*, 55 ff.)? Das Bedürfnis nach einer ausgleichenden Gerechtigkeit für diese ist, weil es sich nicht um ein selbstbezogenes Bedürfnis handelt, womöglich anders zu bewerten als die geläufigen Formen des Wunschdenkens. Diesen Wunsch nicht zu haben wäre, so scheint es, eine Gleichgültigkeit, die nicht human ist.

Dass der Atheismus uns diese beiden Verluste – die Einbuße existentiellen Halts im Diesseits und den Wegfall der Hoffnung auf Erlösung und eine ausgleichende Gerechtigkeit im Jenseits – zumutet, ist offensichtlich. Auf ihre Unerträglichkeit haben Philosophen auf unterschiedliche Weise reagiert, indem sie die Existenz Gottes postulierten oder die Hoffnung auf einen göttlichen Richter und Erlöser als rational zulässig zu erweisen versuchten. Im Folgenden sollen nicht diese Versuche selbst, sondern vielmehr eine ihnen zugrundeliegende Annahme diskutiert werden, die zumeist als selbstverständlich vorausgesetzt wird, nämlich dass der Theismus nicht nur faktisch-psychologisch, sondern in einer rational explizierbaren Weise Trost spenden und Halt geben kann.

2 Nehmen wir also an, mit den Mitteln rationaler Theologie ließe sich die Annahme sichern, dass es einen allmächtigen und allgütigen Gott gibt. Und nehmen wir weiterhin an, aufgrund dessen sei die Hoffnung auf ein Weiterleben nach dem Tode und auf eine ausgleichende Gerechtigkeit in einem Jenseits nicht grundlos. Nun ist es offensichtlich, dass die rationale Theologie nur ein äußerst karges Set von Sätzen beinhaltet, die allein über die Existenz und die basalen Eigenschaften Gottes Auskunft geben (s. o. Einl.2). Existentieller Halt ist jedoch nur von gehaltvolleren Auskünften zu erhoffen. Wir müssen also das Gebiet der rationalen Theologie verlassen, um in religiösen Offenbarungstexten konkrete Vorstellun-

gen von Erlösung, Endgericht sowie Himmel und Hölle zu finden. Die Frage ist also: Gibt es Religionen bzw. gibt es eine Religion, die die genannten existentiellen Bedürfnisse in einer Weise befriedigt, dass ein rationaler Adressat der geoffenbarten Botschaft sie akzeptieren kann?

Wenn wir uns auf diese Frage einlassen, sind wir mit einer kaum überschaubaren Vielfalt miteinander unvereinbarer Religionen konfrontiert. Self-made-Religionen und alternative Gotteskonzeptionen scheiden in diesem Zusammenhang von vornherein aus. Denn wie sollte das gedankliche Konstrukt, das ein sinn- und trostsuchender *ultimist* oder *somethingist* (s. o. 5.3) sich zurechtgelegt hat, diesem einen verlässlichen Trost spenden und Halt geben? Die Frage nach der existentiellen Relevanz des Gottesglaubens ist daher an Religionen mit einem echten soteriologischen Angebot zu richten, das in einer nicht bloß am Schreibtisch ausgedachten überirdischen Instanz gründet. Aber auch hier haben wir es mit Angeboten im Plural zu tun.

Wenn im Folgenden allein die Soteriologie des Christentums in den Blick genommen wird, entsteht leicht der Eindruck eurozentrischer Borniertheit. Tatsächlich ist es eine erhebliche Einschränkung des Blickwinkels, wenn Religionen wie etwa der Buddhismus oder der Hinduismus in diesem Zusammenhang nicht zur Sprache kommen. Aber da sie sich fundamental von dem hier zur Diskussion stehenden Standardtheismus unterscheiden, bleiben sie wie – aus anderen Gründen – die beiden mit dem Christentum konkurrierenden abrahamitischen Religionen im Folgenden unberücksichtigt. So vielfältig die eschatologischen Vorstellungen der jüdischen Theologie sind, so finden wir in der hebräischen Bibel, die bezüglich dieser Frage ebenfalls keine einheitlichen Auskünfte bietet, auch klare Absagen an die Unsterblichkeit und eine Erlösung im Jenseits. Unmissverständlich ist die Illusionslosigkeit der Worte aus dem 3. Kapitel des Predigers Salomo (*Kohelet*): »Denn es gehet dem Menschen wie dem Vieh. Wie dies stirbt, so stirbt er auch.« Auch von den Erlösungsvorstellungen des Korans, der das soteriologische Angebot für Frauen im Dunkeln lässt, Männern dagegen den Zugriff auf »großäugige Jungfrauen« mit »schwellenden Brüsten« (Sure 52,20; 78,33) in Aussicht stellt, wird im Folgenden nicht die Rede sein.

3 Wie also sieht das soteriologische Angebot des Christentums aus? Diese Frage scheint hoffnungslos naiv zu sein. Denn inzwischen hat (abgesehen von einigen katholischen und als ›traditionalistisch‹ gescholtenen protestantischen Theologen) der *mainstream* der liberalen evangelischen Theologie viele der einschlägigen, fast zweitausend Jahre lang anerkannten Glaubensüberzeugungen entsorgt. Der Theologe Michael Seewald macht auf zwei in diesem Zusammenhang bedeutsame Phänomene aufmerksam: den »Obliviszierungsmodus, der versucht, einstmals Gelehrtes durch gezieltes Vergessen zu korrigieren«, und den »Innovationsverschleierungsmodus, der Neues schlicht als Altes ausgibt und dadurch den Anschein doktrinaler Kontinuität zu erzeugen versucht« (*Reform*, 11). Wir haben es hier (man denke nur an die Preisgabe der Erbsünden- und Satisfaktionslehre oder der Lehre von der Ewigkeit der Höllenstrafen) mit *radikal revisionären* Umdeutungen des Christentums zu tun, die den Kern des Glaubensbestandes angreifen, der beinahe 2000 Jahre lang Geltung besaß. An dieser Stelle können wir sie vernachlässigen. Denn die generelle Regel, dass, wer eine Revision vorschlägt, sich die Rechtfertigungslast aufbürdet, gilt auch in diesem Falle. Wie ihr zu genügen wäre, ist schwer zu sehen. Die genannten Revisionen implizieren ja, dass nicht nur die zweitausendjährige Tradition irrte. Als Irrtümer sind dann auch die Glaubensüberzeugungen der Mehrheit der heutigen Christen zu qualifizieren, die diese keineswegs zugunsten rezenter theologischer Umdeutungen preiszugeben bereit sind. Dazu haben sie auch umso weniger Grund, als sie sie durch die Glaubensbekenntnisse bekräftigt sehen, die von der akademischen Theologie (in der Regel) nicht explizit widerrufen worden und nach wie vor in die Liturgie integriert sind. Dies spricht eindeutig dafür, das originäre, noch nicht durch *aggiornamenti* bis zur Unkenntlichkeit entstellte Christentum in den Blick zu nehmen.[70]

Erfahrungsgemäß ist an dieser Stelle mit einer Entgegnung von theologischer Seite zu rechnen, die, wäre sie berechtigt, den folgenden Überlegungen von vornherein die Grundlage entziehen würde. Sie besagt, dass der Offenbarungstext einer historisierenden Interpretation zu unterziehen ist, die in vielen Fällen zum Ergebnis hat, dass die dort dem Wortlaut nach verkündeten Lehren gar nicht als deren eigentliche Botschaft zu betrachten sind. Es zeuge daher von krasser Ignoranz oder böswilliger Voreingenommenheit, wenn Philosophen sich in der Auseinandersetzung mit dem Christentum auf die in der Bibel verkündeten und in den kanonischen Glaubensbekenntnissen fixierten Lehren beziehen und nicht anzuerkennen bereit sind, dass diese längst nicht mehr von der (liberalen evangelischen) Theologie vertreten werden. Nun ist keineswegs zu bestreiten, dass in einigen Fällen philologische Befunde zu Revisionen des tradierten theologischen Lehrbestandes zwingen. Trotzdem hat Daniel Dennett recht mit seiner Bemerkung: »revision of tradition is often hard to distinguish from outright rejection« (*Breaking the Spell*, 225). Oft bewegen Exegeten sich in einer Grauzone zwischen einer philologisch abgesicherten Korrektur bisheriger Auslegungen und einer gegen die expliziten Aussagen der autoritativen Texte willkürlich vorgenommenen Aussonderung bestimmter als unzeitgemäß empfundener Lehren.

An der Beseitigung zentraler, auf biblischen Vorgaben beruhender Lehrbestände haben nicht nur konservative, leichtfertig als fundamentalistisch diskreditierte Theologen Anstoß genommen, sondern auch Philosophen wie Michael Dummett oder Robert Spaemann. Ihr Einspruch ist keineswegs bloß Ausdruck ihrer religiösen Überzeugungen – beide waren Katholiken –, sondern das Ergebnis ihrer methodologisch begründeten Ablehnung einer Hermeneutik, die sich die Lizenz erteilt, explizite Aussagen des Bibeltextes allegorisch zu verflüchtigen oder ihren Inhalt ganz zu entsorgen. An dieser Stelle ist ein Seitenblick auf Kant erhellend. Auch er weicht im Rahmen seines Versuches, biblische Lehren aus einer philosophischen Perspektive umdeutend anzueignen, immer wieder vom Wortlaut der Heiligen Schrift ab. Aber er gibt redlicherweise zu, dass er damit keine »*doctrinale* Auslegung« bietet, welche »zu wissen verlangt, was der heilige Verfasser mit seinen Worten für einen Sinn verbunden haben mag«. Er lässt keinen Zweifel daran, dass er Deutungen vorlegt, die »bei Veranlassung einer Spruchstelle« dem Bibeltext »eine Lehre unterlegen«, die »in moralischer Rücksicht« akzeptabel ist (*Der Streit der Fakultäten*, AA Bd. 7, 66 f.). Den Anspruch, damit die authentische Botschaft der Bibel freizulegen, erhebt er ausdrücklich nicht. Sofern dies klargestellt ist, darf man Kant zufolge »den Aussprüchen der Bibel einen solchen [*scil.* moralischen] Sinn unterlegen und unterschieben, an sich lieg[t] er nicht darinne.«

(*Immanuel Kant in Rede und Gespräch*, 565) Aber genau dieser von Kant nicht erhobene Anspruch ist vielen Vertretern der liberalen Bibelexegese wesentlich. Ihnen zufolge ist etwa die Erzählung von der Auferstehung Jesu als symbolisierende Rede über ein spirituelles ›Ostergeschehen‹ und nicht als Bericht über ein reales Ereignis *gemeint*. Selbstverständlich räumen Dummett und Spaemann ein, dass manche biblischen Aussagen und Erzählungen »allegorisch gelesen werden« müssen – aber die Auferstehungsgeschichte gehört nicht dazu (Dummett: *Biblical Exegesis*, 56). Dies wird von ihnen nicht willkürlich dekretiert, sondern aus den Auskünften der Heiligen Schrift, die, was das leere Grab betrifft, von einem »objektiven geschichtlichen Faktum« berichtet (Spaemann: *Religion und »Tatsachenwahrheit«*, 180), und dem Jahrhunderte überspannenden Konsens der Gläubigen und Theologen aller Konfessionen abgeleitet, der sich auf das Wort der Bibel stützt: »Ist Christus nicht auferstanden, so ist unser Glaube eitel.« (1 Kor 15,17).

Hinzu kommt, dass der Preis, der für modernistische Revisionen und Verwässerungen[71] des Christentums zu entrichten ist, exorbitant hoch ist: Die biblische Fundierung des Christentum bräche weg, und es entstünde eine hochproblematische Kluft zwischen der modernistisch-revisionären Theologie und dem Wortlaut der (von der Mehrzahl der Gläubigen akzeptierten) Glaubensbekenntnisse. Letztlich würde unverständlich, worin die spezifischen doktrinalen Konturen des Christentums im Unterschied zu anderen Religionen bestehen, wenn der Glaube an die Auferstehung Jesu, die Schöpfungs- und Gnadenlehre sowie die christlichen Jenseitsvorstellungen preisgegeben würden.

Bevor im Folgenden die zentralen Lehren des Christentums in den Blick genommen werden, die, wie es heißt, Halt im Diesseits geben und Trost durch die Verheißung eines ewigen Lebens im Jenseits spenden, ist ein weiterer Hinweis am Platz. Man würde ein grob vereinfachtes Bild der gegenwärtigen Theorienlandschaft zeichnen, wenn man sich mit der Feststellung begnügte, es stünden sich in den heutigen Debatten ›modernistische‹ und ›traditionalistische‹, mental einer längst obsoleten Vergangenheit verhaftete Theologen und Religionsphilosophen gegenüber. Diese häufig anzutreffende Sicht ist einer provinziellen Borniertheit geschuldet, die die analytische, insbesondere anglophone Religionsphilosophie der

Gegenwart ignoriert. Hier werden Fragen der christlichen Dogmatik gründlich und mit unerschrockener Sachlichkeit durchdacht, ohne die entsprechenden Lehrbestände weichzuspülen. Die Fragen, denen sie nicht ausweichen, betreffen Lehren, die auch für Augustinus oder Thomas von Aquin essentielle Bestandteile des christlichen Glaubens waren. Auf säkularistisch gesonnene Leser mögen manche Erörterungen heutiger christlicher Religionsphilosophen bizarr und – dies allerdings zu Unrecht – abwegig wirken: Was lässt sich aus philosophischer Perspektive über Dämonen und das Fegefeuer[72] sagen? Besitzen die Erlösten im Himmel einen freien Willen[73] und somit die Fähigkeit zu sündigen; können sie etwa an Glaubenswahrheiten zweifeln?[74] Sind auch Bewohner anderer Galaxien durch den Kreuzestod Jesu erlöst worden?[75] Zudem dürfte die moralische Sensibilität mancher Leser tangiert werden, wenn etwa Gottes Anordnung, das Volk der Kanaaniter auszurotten (5 Mose 7, 1–3), oder sein an Abraham ergangener Befehl, seinen Sohn Isaak zu schlachten (1 Mose 22), ganz unverblümt legitimiert[76] oder detaillierte Auskünfte über die ewigen Höllenstrafen gegeben werden (s. u.). Aber dies sind Probleme, die sich jedem stellen, der den christlichen Glauben ernstnimmt. Diese Haltung ist Religionsphilosophen wie van Inwagen, Plantinga oder Swinburne zweifellos zu attestieren, deren Stellungnahmen ihrerseits ernstzunehmen sind, wenn im Folgenden gefragt wird, welche Verluste die Abkehr vom Glauben an Gott (und mit ihm von dem Glauben an eine göttliche Vorsehung und an die christliche Eschatologie) nach sich zieht.

4 Die positiven Wirkungen des Vertrauens darauf, dass Gott die Geschicke der Menschen zu ihrem Wohl lenkt, sind, wenn es denn begründet oder rational zulässig ist, zumindest auf den ersten Blick verständlich. Weniger offensichtlich, aber gravierend sind die Folgen, die sich aus den Attributen Allmacht und Allwissenheit ergeben, die auch Eigenschaften des christlichen Gottes sind. Die einschlägigen, insbesondere anthropologischen Probleme haben Theologen und Philosophen seit der Epoche der Patristik intensiv diskutiert und mit überaus differenzierten Lösungsvorschlägen zu entschärfen versucht, die in ihrer Vielfalt kaum zu überschauen sind und sich einer Darstellung auf knappem Raum entziehen. Möglich – und im Hinblick auf das Thema dieses Kapitels erforder-

lich – ist es jedoch, die *Fragen* zu benennen, die eine überzeugende Antwort verlangen, wenn die existentielle Dimension des Theismus in seiner christlichen Gestalt positiv gewürdigt werden soll. Dies kann hier nur in geraffter Form geschehen. Vier Fragenkomplexe drängen sich unmittelbar auf.

(1) Was bedeutet es für menschliches Handeln, dass Gott allmächtig ist? Impliziert Allmacht nicht Allwirksamkeit? Ist es denkbar, dass wir autonom handeln können, wenn Gott, wie es im Brief an die Philipper (2,13) heißt, in den Handelnden »beides bewirkt, das Wollen und das Vollbringen«? Beinhaltet diese biblische Aussage, der sich unschwer weitere an die Seite stellen lassen, nicht einen harten theologischen Determinismus, der unser Selbstverständnis als frei handelnde Wesen als Illusion erweist?

(2) Ist mit der Allwissenheit Gottes nicht ein weiterer Grund für einen theologischen Determinismus gegeben? Denn wenn Gott weiß, dass ein Ereignis eintreten wird (also etwa, welche Entscheidung ich in der Zukunft treffen werde), dann hat er, der klassischen Wissensdefinition gemäß, die gerechtfertigte und wahre Meinung, dass dieses Ereignis eintreten wird – und Letzteres bedeutet, dass dieses Ereignis, wo auch immer es auf der Zeitachse liegt, feststeht: Es steht also fest, was ich tun und welche Entscheidungen ich treffen werde, sonst würde Gott dies nicht wissen.

(3) Bedeutet die Allwissenheit Gottes nicht unmittelbar, dass alle unsere Entscheidungen und Handlungen von einem Beobachter begleitet werden, dem nichts verborgen ist?[77] Ist ein derartiges Orwell-Szenario, wenn man es ernstnimmt, psychologisch bekömmlich und wünschenswert? Thomas Nagel, dessen Ablehnung des Theismus selbstverständlich auf Gründen beruht, gibt zu, überdies nicht zu *wollen*, dass eine solche »kosmische Autorität« existiert (*Das letzte Wort*, 191).

(4) Welche Folgen hat es für unser Leben, wenn wir es in der Ungewissheit, ob wir erlöst werden, führen? *Dass* die Erlösung ungewiss ist, ergibt sich aus der christlichen Gnadenlehre, die das Christentum scharf von Judentum unterscheidet. Sie besagt, wie Bernard Williams es, gestützt auf den Römerbrief (3,23 und

9,14 ff.), bündig zusammenfasst, dass »zwischen dem moralischen Streben und der Erlösung kein sicherer Weg verläuft. Erlösung hat mit Verdiensten nichts zu tun, und selbst die moralischen Bemühungen der Menschen bilden nicht den Maßstab für die Liebe Gottes« (*Ethik und die Grenzen der Philosophie*, 271). In seiner *Religionsschrift* hat Kant diese Lehre mit einer ungewöhnlich heftigen Bemerkung kommentiert, in der sein Entsetzen über die aus ihr folgende Entwertung moralischer Aktivität vernehmbar nachhallt: Es sei dies »der salto mortale der menschlichen Vernunft« (AA Bd. 6, 121). Die christliche Gnadenlehre sei gänzlich »mit der Lehre von der Freiheit, der Zurechnung der Handlungen und so mit der ganzen Moral unvereinbar« (*Der Streit der Fakultäten*, AA Bd. 7, 41).

5 Vor ein weiteres Bündel von Fragen stellen uns die christlichen Jenseitsvorstellungen. An erster Stelle steht die Frage, ob ein ewiges Leben überhaupt wünschenswert ist. Gewiss, es war diese Verheißung, mit der das Christentum seinen Siegeszug in der antiken Welt antrat und auf der seine Attraktivität bis heute wohl maßgeblich beruht. Selbstverständlich kam die eben genannte Frage in christlich geprägten Kulturen der Vergangenheit nicht auf, und auch heute dürfte sie auf viele befremdlich wirken. In der vorchristlichen Antike war das anders. Zwar waren in Religion und Philosophie diverse und erheblichem historischem Wandel unterworfene Vorstellungen von einem Leben nach dem Tod – von dem freudlosen Dasein im Schattenreich der Unterwelt bis hin zu dem seligen Leben in den Elysischen Feldern – verbreitet, wenn auch nicht allgemein geteilt. Aber es war keineswegs *selbstverständlich*, ein ewiges Leben für wünschenswert zu halten. Im Vokabular des Griechischen, in dem für ›Menschen‹ (*ánthropoi*) auch das Wort ›Sterbliche‹ (*brotoí*) gebräuchlich ist, spiegelt sich die Auffassung wider, dass es wesentlich zur Verfasstheit der Menschen gehört, dass ihr Leben ein unwiderrufliches Ende hat. Unsterblich sind allein die Götter.

Drastisch malen einige Mythen aus, welche konkreten Folgen es hätte, wenn der Wunsch nach Unsterblichkeit erfüllt würde. Dem Jüngling Tithonos wurde auf Bitten der Göttin Eos, die ihren Geliebten auf immer bei sich haben wollte, von Zeus Unsterblichkeit verliehen (Ovid: *Metamorphosen*, XIII.587), dies jedoch um den Preis, dass er alterte, so dass die rosenfingrige Göttin nach einiger Zeit einen zusehends gebrechlicheren Greis als Bettgenossen (Homer: *Odyssee*, V.1) hatte. Nicht viel besser erging es dem schönen Hirten Endymion. Für ihn hatte seine Geliebte, die Mondgöttin Selene, um das Schicksal des vergreisenden Tithonos zu vermeiden, nicht bloß ewiges Leben, sondern auch ewige Jugend erbeten. Dabei hatte sie nicht bedacht, dass Menschen das Altern nur vermeiden können, wenn sie sämtliche degenerationsfördernden Aktivitäten einstellen – und so war der Dauerschlaf der Preis, den Endymion für Unsterblichkeit und ewige Jugend entrichten musste. Die schlichte, aber ernstzunehmende Pointe dieser narrativen *reductiones ad absurdum* wirft indirekt ein erhellendes Licht auf einen fragwürdigen und zugleich charakteristischen Zug der christlichen Anthropologie: nämlich dass Endlichkeit *kein* wesentliches Element der menschlichen Verfasstheit ist.

Lukrez (*De rerum natura*, III.938 f.) hat diese Überlegungen um ein wichtiges Moment erweitert. Durch einen plastischen Vergleich veranschaulichte er, dass das Leben der Menschen nicht nur endlich, sondern durch eine ganz bestimmte Abfolge von Phasen strukturiert ist, die sich nicht beliebig ausdehnen und um weitere Phasen vermehren lassen: Das menschliche Leben sollte man wie eine Mahlzeit mit mehreren Gängen, von denen einer der letzte ist, betrachten. Gewiss ist es (wie etwa wenn eine Mahlzeit mittendrin abgebrochen wird) von Übel, wenn der Tod das Leben vorzeitig beendet und einen daran hindert, Aktivitäten zuende zu führen, und Projekte, die wir in unserem Leben verfolgen, zunichtemacht. Aber der Umstand, dass das Leben wie eine Mahlzeit[78] grundsätzlich ein Ende hat, ist kein Übel. Vielmehr ist, wie Martha Nussbaum, die in ihrem Buch *The Therapy of Desire* auf das »banquet argument« des Lukrez zurückgriff (203 ff.), gezeigt hat, »unsere Endlichkeit, und besonders unsere Sterblichkeit« die notwendige Bedingung für wesentliche humane Aktivitäten und Erlebnisse. Freundschaft und Liebe (226) würden ohne die Endlichkeit und ohne die Möglichkeit des Scheiterns verflachen (203). Der Wunsch nach ewigem Leben ist, näher besehen, ein »desire for godlike immortality«, ein Wunsch, dessen Erfüllung für »gottgleiche Wesen«, aber nicht für Menschen angemessen ist (216).

In seinem Aufsatz *Die Sache Makropulos. Reflexionen über die Langeweile der Unsterblichkeit* illustrierte Bernard Williams dies anhand eines literarischen Beispiels, der Geschichte der Elina Makropulos, die in Leoš Janáčeks gleichnamiger Oper (1926) auf die Bühne gebracht wurde. Der Tochter eines Alchimisten wurde im späten 16. Jahrhundert ein Elixir verabreicht, das sie unsterblich machte und ihren Lebensprozess im Alter von 42 Jahren sistierte. Elina, die zur Zeit der Opernhandlung, die im frühen 20. Jahrhundert spielt, 342 Jahre alt ist, hat also mehr als dreihundert Jahre als Zweiundvierzigjährige durchlebt. Die Folgen – Langeweile, Gleichgültigkeit und Freudlosigkeit – sind nicht überraschend. Aufgrund der Monotonie »widerfahren ihr Erlebnisse, ohne sie wirklich zu berühren« (146). Die »wiederholten Muster persönlicher Beziehungen« haben »den Charakter der Unentrinnbarkeit« angenommen (ebd.). Ein Mensch, der alles erlebt hat, kann keine Wünsche entwickeln, die »den Wunsch zu leben aufrechterhalten« (162). Und so hat die Protagonistin der Oper auch nur noch den Wunsch zu sterben und führt uns damit vor Augen, dass »man ein ewiges Leben nicht führen kann«.[79]

Die Debatte über Williams' These, dass ein ewiges Leben kein »Ziel der Hoffnung sein könnte« (149), geht inzwischen ins Uferlose (vgl. Rosenberg: *Reassessing Immortality. The Makropulos Case Revisited*). Während sie manchen (so etwa schon Hans Jonas: *Last und Segen der Sterblichkeit*), einleuchtet, können andere diejenigen nicht »verstehen, die aufrichtig behaupten, in ihrer Sterblichkeit kein Unglück zu sehen«.[80] Es scheint, dass wir es hier mit einem kaum auflösbaren Intuitionenkonflikt zu tun haben. Zumindest in einer Hinsicht bietet Williams jedoch mehr als einen Appell an unsere Intuitionen: Auch wenn die Unerträglichkeit des Lebens der Elina Makropulos, die »nur« 342 Jahre gelebt hat, nicht mehr als eine gewisse – und womöglich anfechtbare – psychologische Plausibilität besitzen mag, so kommen klare Implikationen ins Spiel, wenn wir uns auf das Szenario eines Lebens einlassen, das buchstäblich *ewig* dauert: In unendlicher Zeit wird ja das *ganze* Spektrum möglicher Handlungen und Erlebnisse ausgeschöpft, und so sind monotone Wiederholungen unvermeidlich. Aber auch dieser Einwand ist nicht unbeantwortet geblieben.[81] Die nach wie vor aussichtsreichste Replik scheint manchen Religionsphilosophen der

Rückgriff auf die traditionelle Lehre von der ›beseligenden Schau Gottes‹ im Jenseits zu sein. So stützt Swinburne seine Zuversicht, dass sich Überdruss – das *tedium of immortality* – nicht einstellen und das ewige Leben »lebenswert« sein wird, auf die Annahme, dass Gott in der *visio beatifica* den Seligen immer wieder neue Facetten seines unendlichen Wesens offenbart (*A Theodicy of Heaven and Hell*, 42). Und doch lässt sich mit Thomas Nagel fragen, ob die Verheißung, im Jenseits »Gottes Herrlichkeit [...] zu erschauen und ihrer teilhaftig zu werden«, als die Erfüllung menschlichen Glücksstrebens und als Endzustand zu betrachten ist, der dem menschlichen Leben insgesamt Sinn verleiht (*Letzte Fragen*, 35). Auch wenn theistische Religionsphilosophen dies entschieden bejahen (vgl. Walls: *The Oxford Handbook of Eschatology*) – die Wünschbarkeit eines ewigen Lebens ist alles andere als selbstverständlich. Mehr noch: Wäre ein ewiges Leben überhaupt ein *menschliches* Leben, das, so wie wir es kennen, eine Abfolge von jeweils *neuen* Erfahrungen ist? Solange diese Frage nicht befriedigend beantwortet ist, sind die christlichen Erlösungsvorstellungen insgesamt fragwürdig.

6 Nicht allen Menschen – und es ist aufgrund der Gnadenlehre ungewiss, wer davon ausgeschlossen ist – wird die ewige Seligkeit zuteil. Die übrigen erwarten Strafen in der Hölle, und diese dauern ewig. Diese Lehre ist biblisch fundiert. Unmissverständlich droht Jesus den Sündern mit dem »unauslöschlichen Feuer« (Mk 9,43), und dies mit einem Nachdruck und einer Häufigkeit (vgl. auch Mt 8,12; 13,42; Lk 13,28), dass christliche Religionsphilosophen hierin eine authentische Lehre Jesu erblicken, die es zu explizieren und zu verteidigen gilt.[82] An dem mit der göttlichen Gerechtigkeit unvereinbaren Gedanken, dass endliche Vergehen mit unendlichen Strafen sanktioniert werden, wurde immer wieder – allerdings mit bemerkenswerten Ausnahmen, etwa der von Leibniz (*Theodizee*, §§ 133 und 266) – Anstoß genommen. Noch in jüngerer Zeit hat sich, in einem Ausflug in das Feld der Theologie, der Philosoph David Lewis in einem Text mit dem Titel *Divine Evil* diesem Thema zugewandt. Nach diesem Vortrag – es war der letzte, den er überhaupt gehalten hat – hat die Vorsehung ihn abberufen. Zwei Aspekte hebt Lewis besonders hervor: Zum einen sind die Höllenstrafen nicht einfach Übel, die Gott *zulässt* (so wie

dies bei den innerweltlichen Übeln der Fall ist), sondern »Übel, die er *bewirkt*« (231). Zum anderen stellen die Höllenqualen aufgrund ihrer ewigen Dauer das befristete Leiden im Diesseits in den Schatten: »they dwarf the kinds of suffering and evil [...] to which the standard versions [of theodicy] allude« (ebd.). Und so ist nicht zu sehen, wie christliche Religionsphilosophen und Theologen, die schon Mühe genug haben, die Übel *dieser* Welt mit der Allgüte und Allmacht Gottes in Einklang zu bringen, nun auch noch zusätzlich die postmortalen – ewigen – Übel rechtfertigen könnten.

Es sind jedoch allein in jüngerer Zeit mehrere ›Theodizeen der Hölle‹ mit teilweise frappanten Überlegungen vorgelegt worden.[83] Die sich hier stellenden Probleme sind, wie man sich leicht vorstellen kann, wenn man die Konsequenzen der biblischen und dogmatischen Vorgaben ausbuchstabiert, nicht nur für sich genommen gewaltig, sondern auch zahlreich. Neben dem Kernproblem, der Disproportionalität von endlichen Vergehen und unendlicher Strafe, die Gottes Gerechtigkeit infragestellt, seien nur zwei unter vielen angedeutet. Welche Beeinträchtigung der himmlischen Seligkeit ergibt sich für den, der nahe Verwandte oder Freunde in der Hölle ewigen Qualen ausgesetzt weiß (oder sie sogar leiden *sieht*, wie die Tradition sagt; Thomas von Aquin: *S. theol.* III, suppl., qu. 94)? Umstritten ist William Lane Craigs »selective amnesia solution«. Er nimmt seine Zuflucht bei dem Gedanken, dass Gott aus dem Gedächtnis der Erlösten die Erinnerung an die ihnen nahestehenden Verdammten tilgen wird.[84] Ein derartiger Eingriff ließe jedoch die tatsächlich gelebten Biographien der Betroffenen, die für ihre personale Identität relevant sind, nicht intakt. Befriedigende Lösungen sind nicht in Sicht. Auch im prämortalen Leben ergeben sich erhebliche Schwierigkeiten. So stellt sich etwa das moralische Problem, ob man ein Kind in die Welt setzen darf angesichts der Gefahr, dass es einst auf ewig in die Hölle kommt. Selbst dann, wenn man die Wahrscheinlichkeit, dass es dazu kommt, als gering einschätzen würde, müsste selbstverständlich bei der Risikoabwägung das *unendliche* Ausmaß des möglichen Übels eine erhebliche Rolle spielen oder gar den Ausschlag geben.[85]

Was das Kernproblem angeht, ist eine schon von Leibniz (*Praefatio*, 175 ff.) in Erwägung gezogene und auch gegenwärtig diskutierte Erklärung dafür, dass die Höllenstrafen nicht enden, der sogenannte »freedom view of hell«. Demnach behalten die Verdammten in der Hölle ihre Willensfreiheit und missbrauchen sie aufgrund der Habitualisierung ihrer Laster auch postmortal, um permanent zu sündigen. Folglich verdienen sie nichts anderes als endlose Pein.[86] Dieser Lösungsvorschlag zieht jedoch ein missliches Folgeproblem nach sich: Die Verdammten könnten sich mit ihrem freien Willen ja auch zur Bekehrung entschließen und der Hölle entkommen. Wenn Gott dies zuließe, würde er die Möglichkeit eines »escapism« eröffnen und eine »open-door policy towards those in hell«[87] praktizieren, die die Endgültigkeit seiner Urteile beim Jüngsten Gericht infragestellt. Man kann verstehen, dass Theologen vor einer »Verflüssigung der eschatologischen Topographie« (Amor: *Streitfall Hölle*, 212) warnen und auf dem Grundsatz beharren, aus der Hölle könne niemand erlöst werden (»In inferno nulla est redemptio«; Thomas von Aquin: *Summa theol.* III, qu. 49, art. 3).

Dies alles sind *Fragen*. Es sind, unnötig zu sagen, keine grundsätzlichen Einwände gegen den Theismus – sie sind ja allein an die Adresse des christlich spezifizierten Theismus gerichtet. Allerdings sind dies Fragen, die nicht nur von außen – von atheistischer Seite – dem Christentum aufgedrungen werden. Auch christliche Religionsphilosophen und Theologen haben sie gestellt, um ihre soteriologischen Vorstellungen zu explizieren. Und sie haben in Geschichte und Gegenwart auf die Probleme, mit denen sie uns konfrontieren, vielfältige, freilich zumeist umstrittene Antworten gegeben. Für wie überzeugend oder aber spitzfindig man sie zu halten hat, muss im Einzelfall – und mit nicht geringem Aufwand – ermittelt werden. Klar ist aber, dass die hier angesprochenen Probleme gelöst werden müssen, bevor man die christliche Soteriologie als anthropologisch realistische, mit unserem Selbstverständnis verträgliche und wünschenswerte Antwort auf existentielle Bedürfnisse betrachten und dem Atheismus als einer in existenzphilosophischer Perspektive defizitären Position vorziehen kann. Gelingt dies nicht, ist nicht zu sehen, wie sich eine »vernünftige Hoffnung«[88] auf die durch die rationale Theologie fundierte und das Christentum konkretisierte Erlösungsvorstellung richten könnte. Die pauschale Behauptung, dass uns, wenn wir den Theismus und mit ihm das Christentum verwerfen, ein attraktives Heilsangebot entgeht, genügt sicherlich nicht.

SCHLUSS

Das Vorhaben dieses Buches war es, die gängigen philosophischen Einwände gegen den Atheismus darzustellen und zu diskutieren. Aus der Sicht mancher Verfechter des Atheismus ist das vermutlich in unangemessener Weise defensiv. Tatsächlich wird damit, wie es scheint, die Konstellation, die in diesem Disput vorliegt, unzulässig umgekehrt: In der Position, sich gegen Einwände verteidigen zu müssen, sei doch der Theismus, nicht aber der Atheismus. Ist die Annahme der Existenz eines allmächtigen und allgütigen Gottes überhaupt ernsthaft in Betracht zu ziehen, solange das Theodizeeproblem ungelöst ist? Müssen Atheisten sich gegen Kritik zur Wehr setzen, die von einer Position aus geäußert wird, die mit einer derart gravierenden Schwierigkeit belastet und auch aufgrund weiterer ungelöster Probleme ausgesprochen schwach ist? So ist es fraglich, ob der Begriff eines unendlichen Geistes, als der der Gott des Standardtheismus definiert ist, konsistent ist (vgl. Detel: *Warum wir nichts über Gott wissen können*). Des Weiteren kann geltend gemacht werden, dass unter Rechtfertigungsgesichtspunkten eine fundamentale Asymmetrie zwischen beiden Positionen besteht, denn nicht der Atheismus, sondern der Theismus müsse begründet werden. Von einer Ebenbürtigkeit beider könne ebenso wenig die Rede sein wie bei einem Disput zwischen Anhängern und Gegnern des Glaubens an Hexen und Dämonen. Selbstverständlich seien die Verfechter der stärkeren These, also diejenigen, die die Existenz eines Gottes, von Göttern oder von Hexen und Dämonen annehmen, in der Rechtfertigungspflicht, und so gingen Atheisten, wenn die Annahme der Existenz Gottes nicht begründet werden kann, siegreich aus dem Disput mit ihren theistischen Gegnern hervor. Auch wenn man diese Sicht (vgl. oben Kapitel 1.5 und 1.6 zu Flews ›Präsumtion des Atheismus‹ und Russells Teekannen-Argument) teilt, ist es nicht angebracht, einer Auseinandersetzung mit den anti-atheistischen Einwänden aus dem Wege zu gehen. Dagegen spricht allein schon der Umstand, dass es eine seriöse philosophische Debatte gibt, in der Theisten diese Einwände ins Spiel bringen.

Auch wenn in den vorstehenden Kapiteln das begrenzte – und in der Tat primär defensive – Ziel verfolgt wurde zu zeigen, dass keiner der gegen den Atheismus erhobenen Einwände einer näheren Prüfung standhält, kamen dabei doch Gesichtspunkte in den Blick, die indirekt einige Argumente gegen den Theismus bekräftigen. So wurde im Rahmen der Auseinandersetzung mit dem Erklärungslücken-Einwand die begrenzte Leistungsfähigkeit des teleologischen Gottesbeweises deutlich. Er vermag günstigstenfalls eine Variante des Theismus zu stützen, deren Gottesbegriff aus theistischer Sicht ungenügend ist: Der Begriff eines moralisch indifferenten und nur begrenzt mächtigen Gottes ist nicht der Gottesbegriff, den die Rationaltheologie zu verteidigen sucht (Kapitel 3.2). Selbst die Auseinandersetzung mit dem populären Einwand, der Atheismus sei moraldestruktiv (Kapitel 4.3), erbrachte einen gewissen Mehrwert. Denn sie lenkte die Aufmerksamkeit darauf, dass die Annahme eines allmächtigen Gottes, der der Herr über alles ist, dazu zwingt, den moralischen Normen einen prekären Status zuzuweisen und die Möglichkeit ihrer Suspendierung durch den Allmächtigen und seine Bevollmächtigten ins Auge zu fassen.

Wenn, wie in Kapitel 5 zu zeigen versucht wurde, starke Gründe gegen eine Ersetzung des standardtheistischen Gottesbegriffs durch alternative Gottesbegriffe sprechen, hat dies unter anderem Konsequenzen im Hinblick auf das gegen den Theismus gerichtete Theodizee-Argument. Denn dann ist einem von nicht wenigen Theisten gewählten Ausweichmanöver der Weg versperrt: Das Allmachtsprädikat sei fallenzulassen, um den atheistischen Einwand ins Leere laufen zu lassen, der auf dem Widerspruch zwischen der Annahme eines allmächtigen und allgütigen Schöpfers und Weltenlenkers und der Existenz des Übels beruht (s. o. S. 90 f.). Der wunde Punkt solcher *finite God theodicies* ist darin zu sehen, dass sie eine Radikalrevision des in der Atheismus-Theismus-Diskussion ursprünglich verteidigten Theismus vornehmen, aber für diese keine von der Theodizeeproblematik unabhängige Rechtfertigung vorweisen können. Was berechtigt uns dazu anzunehmen, dass Gottes Allmacht begrenzt ist? Eine solche Annahme ist unter Hinweis auf den Grundsatz zurückzuweisen, dass Behauptungen, die grundlos aufgestellt werden, ohne Angabe von Gründen zurückgewiesen werden können (*quod gratis asseritur, gratis negatur*).

Dagegen haben die Vertreter der klassischen Rationaltheologie jenes Set von Gottesattributen, zu denen die Allmacht gehört, keineswegs willkürlich festgelegt. Sie entnehmen es vielmehr der Gottesvorstellung, die den abrahamitischen Religionen gemeinsam ist. Diese sind ihrerseits in heiligen Texten niedergelegt, die sich möglicherweise als göttliche Offenbarungen ausweisen lassen. Ob Letzteres gelingt, ist eine Frage, die jenseits des hier gewählten thematischen Rahmens liegt. Jedenfalls kann festgehalten werden, dass der standardtheistische Gottesbegriff – anders als die Vorstellung eines begrenzt mächtigen Gottes – nicht ›aus der Luft gegriffen‹ ist und keineswegs von vornherein als ein Konstrukt abgetan werden kann, das Religionsphilosophen in Überschätzung ihrer kognitiven Möglichkeiten selbst fabriziert haben. Dies spricht eindeutig für den nicht-revisionären Ansatz von Swinburne oder Tetens, der sich (*Gott denken*, 10) zum Ziel setzt, mit seinen rationaltheologischen Argumenten zugleich die grundlegenden Artikel des Apostolischen Glaubensbekenntnisses zu verteidigen: »Ich glaube an Gott, den Vater, den Allmächtigen, den Schöpfer des Himmels und der Erde.« (Denzinger: *Enchiridion*, Nr. 13) Diesen Glauben trifft das Theodizeeproblem freilich mit voller Wucht.

Im Rahmen der Auseinandersetzung mit dem gegen den Atheismus erhobenen Dogmatismusvorwurf kam schließlich ein Einwand in den Blick, der die Verteidiger des Standardtheismus zumindest in erhebliche Bedrängnis bringt: das Argument aus dem Unglauben (Kapitel 1.8). Dieser Einwand ist bereits für sich genommen stark: Die Güte Gottes impliziert, dass er den Menschen zugewandt ist und aus Sorge um ihr Heil sicherstellt, dass alle oder die meisten von ihnen zu dem – für ihr Heil unerlässlichen – Glauben an seine Existenz gelangen. Daher beweist das Faktum, dass viele (oder sogar die meisten) Menschen diesen Glauben nicht haben, seine Nichtexistenz. Und es ist nicht zu sehen, wie sich zeigen ließe, dass diese Implikation *nicht* vorliegt.

Legt man das Argument aus dem Unglauben zusammen mit dem Theodizee-Argument in die Waagschale, wird schließlich der Erfolg einer weiteren Verteidigung des Theismus fraglich. Diese räumt ein, dass der Theismus nicht beweisbar ist, macht aber geltend, dass er nicht nur rational zulässig, sondern darüber hinaus unter praktischen Gesichtspunkten vorzugswürdig ist. Denn er ermögliche eine moralische Lebensführung, der der Atheismus die Grundlage entziehen würde. Da es ein Patt zwischen den beiden konkurrierenden »philosophischen Weltanschauungen« Atheismus und Theismus gebe, könne »es um eines normativ-praktischen Selbstverständnisses willen [...] höchst vernünftig sein, erst einmal beharrlich an einer [theistischen] Metaphysik festzuhalten, weil sie die Unterstellungen einschließt, ohne die wir dieses Selbstverständnis preisgeben müssten« (Tetens: *Glaube nach Wunsch und Wille?*, 161). Die entscheidende Voraussetzung dieser Strategie ist allerdings, dass es tatsächlich ein solches Patt gibt. Kant, der sein Gottespostulat auf eine ähnliche Überlegung stützt, hat dies nachdrücklich betont: Nur wenn ein »Schwanken der speculativen Vernunft« hinsichtlich der Existenz Gottes zu konstatieren ist, »kommt ein Entscheidungsgrund von anderer Art ins Spiel« (*Kritik der praktischen Vernunft*, A 262); dann und nur dann können etwa moralische Gründe den Ausschlag für den Theismus geben. Dass die sich im Streit über die Existenz Gottes gegenüberstehenden Parteien einander ebenbürtig sind, ist jedoch fraglich. Denn wenn sich der Theismus nicht gegen das Argument aus dem Unglauben und den Theodizee-Einwand behaupten kann, ist er derart geschwächt, dass von einer legitimen Wahl zwischen zwei *gleichwertigen* Optionen nicht die Rede sein kann. Selbst dann, wenn die beiden genannten Einwände nicht als strenge Beweise der Nichtexistenz Gottes gelten können, reicht die aus ihnen folgende Schwächung des Theismus aus, um die Behauptung eines Patts und damit die auf dieses gestützte Rechtfertigung des Theismus zunichte zu machen.

ANMERKUNGEN

1 Vgl. Frede: *Monotheism and Pagan Philosophy*; zu *Nomoi* X vgl. Bordt: *Platons Theologie*, 167 ff.

2 Vgl. Carnap: *Überwindung der Metaphysik durch logische Analyse der Sprache*, 89 f.; Ders.: *Von Gott und Seele*; dagegen Mackie: *Das Wunder des Theismus*, 10 ff.; Weidemann: *Die Unverzichtbarkeit natürlicher Theologie*, 39 ff. Vgl. auch Ruloff/Horban (Hrsg.): *Contemporary Arguments in Natural Theology*; Fuqua/Koons (Hrsg.): *Classical Theism*; Philipse: *Reason and Religion*, 165 ff.; Pearce: *Classical Theism*, 17 ff. – Der von Carnap und Debattenteilnehmern in der Tradition des Neopositivismus sowohl gegen den Theismus als auch den Atheismus gerichtete Sinnlosigkeitsvorwurf ist jedoch nicht verstummt. Eine ähnliche Position vetrittt Simon Blackburn in seinem Aufsatz *On Being an Infidel* und schlägt eine begriffliche Fixierung vor: »Infidels« weisen die grundlegende Voraussetzung zurück, von der Theisten, Atheisten und Agnostiker zu Unrecht ausgehen, nämlich »that we have here a definite question. For this to be so we must have some conception of what is being talked about. But infidels deny that we have any such conception. We think that when people try to put into words what they have in mind, they end up in contradiction or mystery, and where there is nothing but contradiction and mystery, there is nothing to give content to the question of existence.« Vgl. auch Schnepf: *Du musst nur die Laufrichtung ändern*.

3 Thomas von Aquin: *Summa theol.* I, qu. 2, art. 2, ad 1. Vgl. McInerny: *Praeambula fidei*; Ricken: *Glauben weil es vernünftig ist*, 39 ff.

4 Katholiken sind an die Festlegung des I. Vatikanischen Konzils gebunden, dass die Existenz Gottes »durch das natürliche Licht der menschlichen Vernunft mit Gewissheit erkannt werden [certo cognosci] kann«; Denzinger: *Enchiridion symbolorum*, Nr. 3026.

5 Tetens: *Gott denken*, 10; vgl. auch Jäger: *Glaube, Wissen und rationales Hoffen*; Rohs: *Der Platz zum Glauben*.

6 Zu den entsprechenden griechischen und lateinischen Termini vgl. Schröder: *Ursprünge des Atheismus*, 45 ff. Zu vernachlässigen ist hier, dass traditionell – außerhalb des philosophischen Kontextes – auch häretische, also nicht im strikten Sinne atheistische Abweichungen vom ›wahren‹ Glauben, ja sogar eine ›gottlose‹, d. h. unmoralische Lebensweise als ›Atheismus‹ gebrandmarkt wurden; im letzteren Fall war vom *atheismus practicus* die Rede;

vgl. Schröder: *›Hydra multiceps‹ ou ›negatio existentiae dei‹?*; Ders.: *Das ›a‹ im Atheismus*; Spiekermann: *Der Gottlose.*

7 Vgl. Bloch: *Theophrastus redivivus*; Paganini: *The First Philosophical Atheistic Treatise*; Schröder: *Ursprünge des Atheismus*, 404 ff.; Mori: *Athéisme et dissimulation au XVIIe siècle. Guy Patin et le Theophrastus redivivus.*

8 So auch Thrower: *Western Atheism*; Hyman: *A Short History of Atheism*, 6 f.; Kors: *The Age of the Enlightenment.*

9 Vgl. Corlett: *The Errors of Atheism*, 14, 79 u. ö.; McGrath: *Dawkins' God*, 144; Shook: *The God Debates*, 16 f.; Kidd: *Epistemic Vices in Public Debate: The Case of ›New Atheism‹*, 61 ff.

10 Dupré: *On the Intellectual Sources of Modern Atheism*, 10; vgl. auch Reitan: *Is God a Delusion?*, 181; McGrath: *The Dawkins Delusion. Atheist Fundamentalism and the Denial of the Divine.* Allerdings wählte ausgerechnet der hier gescholtene Dawkins für seine an die breite Öffentlichkeit gerichtete *Atheist Bus Campaign* die auffällig vorsichtige Parole »There is *probably* no God« (s. o. S. 14).

11 Zu dieser von Alvin Plantinga (*The Nature of Necessity*, 191 ff.) im Rückgriff auf ein altes Theologumenon ins Spiel gebrachten Idee vgl. Swinburne: *Die Existenz Gottes*, 275 f., der sie jedoch als »eine bloße Ad-hoc-Theorie« zurückweist, sowie Mackie: *Das Wunder des Theismus*, 258.

12 Flew: *The Presumption of Atheism*, 14; vgl. auch Martin: *Atheism*, 463; Bullivant: *Defining ›Atheism‹*, 13.

13 Tillich: *Dynamics of Faith*, 45; Dewey: *A Common Faith*, 42: »the unity of all ideal ends arousing us to desire and action«; Schellenberg: *The Will to Imagine*, 1. Näheres siehe Kap. 5.3.

14 Vgl. Schröder: *From Doubt to Rejection: the Impact of Ancient Pyrrhonism on the Emergence of Early-Modern Atheism*; Ders.: *Ursprünge des Atheismus*, 344 ff.

15 Sogar Descartes' Betrügergott (*genius malignus*) wäre wieder im Spiel; vgl. McGrath: *Atheism or Agnosticism*, 57.

16 Russell formuliert die Konklusion wie folgt: »[...] if I were to go on to say that, since my assertion cannot be disproved, it is intolerable presumption on the part of human reason to doubt it, I should rightly be thought to be talking nonsense.« (*Is there a God?*, 548). Positiv ausgedrückt: Die Existenz Gottes ist »in Zweifel zu ziehen«. Das transitive Verb »to doubt« bedeutet natürlich nicht »im Zweifel sein, ob«, sondern »bezweifeln, dass« / »in Zweifel ziehen, dass«, genauer: »doubting a proposition implies assigning a probability significantly lower than 0.5.«; van Inwagen: *Russell's China Teapot*, 17.

17 Vgl. Walton: *Informal Logic*, 43–49; Corlett/Cangelosi: *Atheism and Epistemic Justification*, 98. – Ein einfaches Beispiel: (1) Wenn es dort, wo ich mich befinde, regnet, weiß ich das. (2) Ich weiß es jedoch nicht. Also (3) regnet es

nicht. Sofern (wie in diesem Falle) meine Wissensbasis vollständig (»epistemisch geschlossen«) ist, ist Prämisse (2) wahr und es folgt, dass es tatsächlich nicht regnet; Walton: *Nonfallacious Arguments from Ignorance*, 381 f.; Robinson: *Arguing from Ignorance.*

18 Vgl. van Inwagen: *Russell's China Teapot*, 25: »prior to the consideration of such evidence as there may be for or against the existence of God, we ought to assign an extremely low probability to the proposition that God exists«.

19 Mion: *God, Ignorance and Existence*, 86 f.: »In spite of our efforts to establish p, we have no proof (knowledge, evidence) that p. Therefore, ¬p. [...] [The] believer and the non-believer [are] in an asymmetrical position. [...]. Since there is no conclusive evidence for the existence of God, I can rightly (although only provisionally) infer that God does not exist.«

20 Schellenberg: *Divine Hiddenness and Human Reason*, 213 f.: »My description [of this] argument may seem to suggest that it is my wish to defend atheism. But this is not an accurate representation of my intent; and I would like to emphasize that it is not.« Vgl. Weidner: *Examining Schellenberg's Hiddenness Argument*; Green/Stump (Hrsg.): *Hidden Divinity and Religious Belief*; Howard-Snyder/Moser (Hrsg.): *Divine Hiddenness*; Drange: *Nonbelief and Evil*, 261 ff.; Gasser/Kreiner/Weidner (Hrsg.): *Verborgenheit Gottes*. – Spezielle Varianten dieses Arguments (das ›Argument from Locality‹ und das ›Argument from the Demographics of Nonbelief‹) stützen sich darauf, dass Menschen, die in bestimmten Weltgegenden oder bestimmten Epochen gelebt haben, gar nicht die Möglichkeit hatten, die Überzeugung von der Existenz Gottes zu bilden; vgl. Philipse: *Reason and Religion*, 64.

21 Schellenberg: *Divine Hiddenness and Human Philosophy*, 16: »a reality that is triply ultimate: metaphysically, axiologically, and soteriologically«. Bezüglich des *Divine-Hiddenness*-Arguments stellt er klar: »[It] does not in any way imply [...] that we are ruling out the truth of religious claims. Indeed, we are opening the door to religion more widely than ever has been done before!« (31).

22 Scriven: *Primary Philosophy*, 103 (wiederabgedruckt in Ders.: *God and Reason*, 106). Zum Weihnachtsmann vgl. auch Bornat: *Proof and Disproof in Formal Logic*, 103.

23 Scriven: *Primary Philosophy*, 102 f. (wiederabgedruckt in Ders.: *God and Reason*, 105): »if we take arguments for the existence of something to include all the evidence which supports the existence claim to any significant degree, i.e., makes it at all probable, then the absence of such evidence means there is no likelihood of the existence of the entity. And this, of course, is a complete justification for the claim that the entity does not exist, *provided that the entity is not one which might leave no traces* [...] and provided that we have comprehensively examined the area in where such evidence would appear if there

were any.« (Hervorh. von mir). – Das Argument lässt an die Antwort denken, die Bertrand Russell einer Dame auf einer Party zu seinem 90. Geburtstag gab, die ihn gefragt hatte, wie er seinen Atheismus vor Gott rechtfertigen würde, wenn es sich nach seinem Tode herausstellen würde, dass dieser doch existiert. Ein Bericht der New York Times (21. 2. 1970) gibt den Wortwechsel wie folgt wieder: »A London lady sat next to him at this party, and over the soup she suggested to him that he was not only the world's most famous atheist but, by this time, very probably the world's oldest atheist. ›What will you do, Bertie, if it turns out you're wrong?‹ she asked. ›I mean, what if – uh – when the time comes, you should meet Him, What will you say?‹ Russell was delighted with the question. His bright, birdlike eyes grew even brighter as he contemplated this possible future dialogue, and then he pointed a finger upward and cried, ›Why‹, I should say, ›God, you gave us insufficient evidence.‹« (zit. Seckel: *Bertrand Russell on God and Religion*, 11).

24 Es hat die Struktur des von Walton wie folgt beschriebenen Schlusses: »absence of knowledge is significant because of a presumption that if a particular proposition were true, it would be known to be true«; *Nonfallacious Arguments from Ignorance*, 382.

25 Vgl. McHugh: *A Refutation of Drange's Arguments from Evil and Non-Belief*; dazu Drange: *McHugh's Expectations Dashed*, 359.; Dumsday: *Divine Hiddenness as Deserved.*

26 Dupré: *On the Intellectual Sources of Modern Atheism*, 10. Vgl. auch 8: »All atheist theories assume that the real must be of a homogeneous nature. Their rejection of any kind of absolute otherness reveals in fact the most fundamental feature of modern atheism.«

27 Walters: *Atheism*, 37: »[…] all atheists are both methodological and what might be called ›ontological‹ naturalists. They argue that scientific explanations are legitimate because there is nothing in reality that can't be understood ultimately in material, physico-chemical, naturalistic terms.«

28 Näheres bei Berman: *Atheism in Britain*, 225 ff. Das mag auf den ersten Blick überraschen, ebenso wie – auf der anderen Seite – die materialistische Anthropologie des christlichen Philosophen van Inwagen; *Dualism and Materialism*; Ders.: *A Materialist Ontology of the Human Person*. Ein globaler Materialist ist er natürlich nicht: Gott und die Engel sind »immaterial persons«; *Material Beings*, 6. – Eine »atheistic metaphysics based on Platonism« entwirft wiederum Steinhart: *Atheistic Platonism.*

29 Nagel: *Das letzte Wort*, 194 f.; vgl. auch Ders.: *Geist und Kosmos*, 52 f. Anders gesagt: »Naturalismus und Theismus stehen nicht in einem kontradiktorischen, sondern in einem konträren Gegensatz zueinander.«; Rohs: *Worauf gründet sich die Vernünftigkeit des Theismus?*, 125. Vgl. auch Plantinga: *Against Naturalism*, 19: »it is possible to be an atheist but not a naturalist.«

30 Vgl. Rohs: *Worauf gründet sich die Vernünftigkeit des Theismus?*, 126 und 130, gegen Tetens, der »den Theismus aus den Schwierigkeiten des Naturalismus dialektisch herleiten« will; *Gott denken*, 9.

31 Vgl. Bloch (Hrsg.): *Le matérialisme du XVIIIe siècle*; Schröder: *Ursprünge des Atheismus*, 322 ff.

32 Vgl. Schröder: *Panthéisme – spinozisme – matérialisme athée. La métaphysique du Traité des trois imposteurs.*

33 Vgl. Mori: *Early Modern Atheism*, 181 ff.; Schröder: *Ursprünge des Atheismus*, 343 ff.; Ders.: *Critique de la métaphysique.*

34 Belege für den Topos »Atheism presupposes omniscience« bei Edwards: *Atheism*, 186.

35 Hick: *An Interpretation of Religion*, 111: »a complete naturalistic worldview«: »a religious interpretation is otiose because all the phenomena known to us [...] can be adequately described and explained without it«; ebenso McGrath: *The Twilight of Atheism*, 220.

36 Vgl. Koyré: *Von der geschlossenen Welt zum unendlichen Universum*, 248 f.; Schröder: *Ursprünge des Atheismus*, 79 und 265.

37 Vgl. Nagel: *Dawkins and Atheism*, 25: »the origin of life remains [...] a mystery«; Dupré: *Darwins Vermächtnis*, 69; Pruss/Gale: *Cosmological and Design Arguments*, 130.

38 Vgl. Bromand/Kreis: *Gottesbeweise*, 495 ff., sowie den detaillierten Überblick in Friederich: *Fine-Tuning.*

39 Vgl. Swinburne: *The Argument to God from Fine Tuning Reassessed*; Löffler: *Einführung in die Religionsphilosophie*, 71; Collins: *Fine Tuning Is Evidence that God Exists.*

40 Beckermann: *Glaube*, 104 f.; vgl. dazu Weidemann: *»Dinge, die unwahrscheinlich sind, passieren einfach«*, und hierzu wiederum Beckermann: *Antworten*, 199 ff.

41 Vgl. Weinberg: *Living in the Multiverse*, 39: »Just as Darwin and Wallace explained how the wonderful adaption of living forms could arise without supernatural intervention, so the string landscape may explain how the constants of nature that we observe can take values suitable for life without being fine-tuned by a benevolent creator.«

42 Vgl. Farley: *The Spontaneous Generation Controversy*, 14 ff.; Mendelsohn: *Philosophical Biology vs Experimental Biology: Spontaneous Generation in the Seventeenth Century.*

43 Vgl. Sell: *Mill on God*, bes. 29; Matz: *Mill's Philosophy of Religion.*

44 Eine Kapitulation der einen oder der anderen Seite ist nicht in Sicht. In der Welt der Philosophie sind Konversionen von Atheisten jedoch durchaus belegt. Das prominenteste Beispiel ist Antony Flews Abkehr vom Atheismus im Jahre 2004. Das Hauptzeugnis für diesen bemerkenswerten Vorgang ist

allerdings das von dem damals hochbetagten Flew gemeinsam mit dem zwielichtigen Roy A. Varghese verfasste Buch *There Is a God. How the World's Most Notorious Atheist Changed His Mind* (2007). Über die beklemmenden Hintergründe informiert Oppenheimer: *The Turning of an Atheist*.

45 Allen: *Atheism, Relativism, Enlightenment, and Truth*, 176: »atheism was a politically driven attack upon [...] Christian theology seen by its opponents as contrary to the tolerance and freer forms of political government they favored.«

46 Anon.: *La fausseté des miracles*, préface, 20: »La maladie de croire est invétérée; il faut, pour la déraciner, tenter tous les moyens. C'est une cure réservée à l'opiniâtre constance des médecins de l'esprit, je veux dire, des Philosophes.«

47 Nagel: *Philosophical Concepts of Atheism*, 6: »Atheism has been, and indeed continues to be, a form of social and political protest, directed as much against institutional religion as against theistic doctrine. Atheism has been, in effect, a moral revulsion against the undoubted abuses of the secular power exercised by religious leaders and religious institutions.« Als repräsentativ kann Nagels Position allerdings nicht gelten; man denke etwa an die markant konservative politische Orientierung Antony Flews; vgl. den Nachruf von Piers Benn in *The Guardian* (14. 4. 2010) und das Kapitel »The atheist right« in LeDrew: *The Evolution of Atheism*, 178 ff. – Richard Rorty (*Antiklerikalismus und Atheismus*) hält den Atheismus als metaphysische Position für obsolet und plädiert dafür, nur mehr das laizistische Programm einer Abdrängung der Religion in den Bereich des Privaten zu verfolgen.

48 Spaemann: *Personen*, 105. Vgl. dazu Hoerster: *Die Frage nach Gott*, 53; Beckermann: *Glaube*, 153 ff.; Schröder: *›Wenn Gott nicht existierte, wäre alles erlaubt‹*.

49 Horkheimer: *Gesammelte Schriften*, Bd. 7, 273; vgl. auch 184: »Einen unbedingten Sinn zu retten ohne Gott, ist eitel«. Vgl. dazu Habermas: *Zu Max Horkheimers Satz ›Einen unbedingten Sinn zu retten ohne Gott, ist eitel‹*.

50 Einen Überblick über die aktuelle Forschung gibt Oppy: *Atheism*, 68 ff.; vgl. auch Dennett: *Breaking the Spell*, 279 ff.

51 Allerdings gibt es seit einiger Zeit unter christlichen Moralphilosophen auch die gegenläufige Tendenz, moralische Normen als göttliche Befehle aufzufassen; vgl. Quinn: *The Recent Revival of Divine Command Ethics*.

52 Zit. nach Hoffmann: *Die theologische Methode des Oxforder Dominikanerlehrers Robert Holcot*, 357; vgl. dazu Kobusch: *Paradoxon und religiöse Existenz*.

53 Denkwürdig sind übrigens die Parallelen zu Kierkegaards Idee der ›Suspendierung der Moral‹, die sich bei zwei seiner Zeitgenossen finden: »Der Glaube für sich selbst«, so Feuerbach, »erhebt sich notwendig über die Gesetze

der natürlichen Moral« (*Das Wesen des Christentums*, 305). Im selben Jahr, in dem *Furcht und Zittern* erschien, notierte Karl Marx: »Die unabhängige Moral beleidigt die allgemeinen Grundsätze der Religion.« (MEW, Bd. 1, 13).

54 Ganz im Sinne Kierkegaards fasst Blanshard die Botschaft der Abraham-Geschichte lakonisch zusammen: »anything may be right, since our moral sense has proved delusive at the very point of its greatest confidence«; *Reason and Belief*, 238; vgl. auch Curley: *The God of Abraham, Isaac, and Jacob*. Vgl. auch Tooley: *Does God Exist?*, 76: »In short, when it is claimed that the god of some revealed religion is an omnipotent, omniscient, and morally perfect person, one is no longer restricted, in formulating the argument from evil, to appealing mainly to actions that God might have performed, but did not, since one can appeal to actions ascribed to the deity in the relevant revelation.«

55 Vgl. hierzu auch Feuerbach: *Das Wesen des Christentums*, 305 f.: »[…] notwendig treten die Pflichten gegen Gott in Kollision mit den gemeinmenschlichen Pflichten. […] Wie daher innerlich dem Glauben die Ethik subordiniert wird, so kann, so muß sie auch äußerlich, praktisch ihm untergeordnet, ja aufgeopfert werden. Es ist notwendig, daß es Handlungen gibt, in denen der Glaube […] im Widerspruch mit der Moral zur Erscheinung kommt – Handlungen, die moralisch schlecht, aber dem Glauben nach löblich sind«.

56 Vgl. *Der Spiegel* (1. 10. 2001) 32, und dazu Kippenberg/Seidensticker: *Terror im Dienste Gottes. Die ›Geistliche Anleitung‹ der Täter des 11. September*. Vgl. auch Hubertus: *Tödliche Werkzeuge Gottes. Merkmale terroristischer Theologie in Christentum und Islam*.

57 Ausführlich hierzu Schröder: *Tolerantia – libertas religionis – cura religionis*; Ders.: *Athen und Jerusalem*, 110 ff.

58 Vgl. hierzu auch Quine: *Quiddities*, 208: »If someone firmly believes that eternal salvation and damnation hinge on embracing his particular religion, he would be callous indeed to sit tolerantly back and watch others go to hell.« Vgl. auch Ployd: *For Their Own Good*.

59 Miller: *A Most Unlikely God*; dagegen Nagasawa: *Maximal God. A New Defence of Perfect Being Theism*. Vgl. auch Bishop: *Can there Be Alternative Concepts of God?*

60 Ganz anders ist allerdings die Semantik von *theós* und *theîos* im Griechischen: Diese Wörter sind keineswegs für transzendente Gottheiten reserviert, sondern bezeichnen jemanden (oder etwas), der (bzw. das) endliches Maß überschreitende Eigenschaften besitzt, also etwa Bewohner des Kosmos oder diesen selbst: »[The ancient Greeks] could call nature God without indulging in an empty figure of speech«; Vlastos: *Theology and Philosophy in Early Greek Thought*, 100.

61 Zu Lessing vgl. Scholz: *Die Hauptschriften zum Pantheismusstreit*; Murr-

mann-Kahl: *Der Pantheismusstreit*. Zu Goethe vgl. Timm: *Gott und die Freiheit*; Bell: *Spinoza in Germany*, 147 ff. Siehe auch Herder: *Gott*, 418; Novalis: *Das Allgemeine Brouillon*, 74.

62 Der Terminus wurde im späten 17. Jahrhundert von dem Mathematiker John Raphson geprägt; vgl. Seidengart: *L'infinitisme panthéiste de John Toland*.

63 So ist in einem in *The Monist* erschienenen Artikel zu lesen: Weil »colonialism, racism, homophobia, sexism« und andere Übel »consequences of western theism« sind, sei es dringend geboten, sich von dem »One Father God, omnipotent, separate from the universe over which ›he‹ presides«, loszusagen. Der »pantheism« dagegen gewährleiste die Anerkennung von »difference [and] alterities of every sort«; Jantzen: *Feminism and Pantheism*, 266 f.

64 Tillich: *Dynamics of Faith*, 45. Vgl. Edwards: *Professor Tillich's Confusions*. Auch ein Verteidiger Tillichs gegen Edwards' Kritik musste zugeben: »Much of what Tillich says is at best misleading and at worst down-right meaningless.«; Gill: *Professor Edwards' Confusions*, 587.

65 Schellenberg: *God for All Time: from Theism to Ultimism*; Ders.: *The Will to Imagine*, 1: »[Ultimism is] the claim that there is a metaphysically and axiologically ultimate reality (one representing both the deepest facts about the nature of things and the greatest possible value), in relation to which an ultimate good can be attained«. Diller würdigt Schellenbergs »ultimism« dennoch als »a philosophically exciting second-order religion«; *The Conceptual Focus of Ultimism*, 229.

66 Vgl. Schellenbergs Beschwörung einer »ultimate and salvific reality in which truth, goodness (of every sort), and beauty are necessarily in some way unified«; *The Will to Imagine*, 250.

67 Elliott: *The Power of Humility in Sceptical Religion: why Ietsism Is Preferable to Ultimism*; Peterson: *The Decline of Established Religion in the Western World*, 134.

68 Jonas: *Philosophische Untersuchungen und metaphysische Vermutungen*, 201; vgl. auch Rohs: *Der Platz zum Glauben*, 91 ff.

69 Zu den Aporien der »finite God theodicy« vgl. Martin: *Atheism*, 436 ff.

70 Christoph Demmerling bringt es auf den Punkt: »Nur ein historisch naiver Blick, der glaubt, auf der Grundlage späterer Entwicklungen die früheren verstehen zu können, kann auf die Idee kommen, hier und jetzt – in der Gegenwart – zeige sich das Eigentliche der Religion. Wer versucht, das Phänomen des Religiösen zu verstehen, ist gut beraten, sich dessen kanonischen Versionen zuzuwenden. […] Andernfalls laufen die betreffenden Versuche Gefahr, bereits säkular verwässerte Varianten von Religiosität oder gar deren vollends verweltlichte Substitute für bare Münze zu nehmen«; *Die Neuerfindung Gottes*, 108.

71 Einige konsternierende Beispiele zitiert Weidemann und unterzieht sie aus theistischer Perspektive einer vernichtenden Kritik; *Die Unverzichtbarkeit natürlicher Theologie*, 40 ff. – Die Fragwürdigkeit der kaum limitierten hermeneutischen Lizenz, die viele heutige Theologen sich erteilen, kann man sich verdeutlichen, wenn man sich die naheliegende Frage vorlegt, was das Ergebnis wäre, wenn andere Texte der Vergangenheit entsprechend interpretiert würden. So wäre zum Beispiel ernsthaft an einen Text zu denken, der wesentliche Eigenschaften mit der Bibel teilt: den aus dem 2. Jahrhundert n. Chr. stammenden *Almagest* (*Syntaxis mathematica*) des Ptolemaios. Es handelt sich, wie im Falle der Bibel, um einen Text antiken Ursprungs, der in manchen Hinsichten von Hintergrundvorstellungen geprägt ist, die uns heute fremd sind, und deshalb der Erläuterung bedarf. Dabei ist, nicht anders als im Falle der Bibel, mit Erläuterungen vonseiten der zuständigen Experten zu rechnen, die die unbefangene Lektüre von Laien gegebenenfalls korrigieren. Zudem ist der vorliegende Text des *Almagest* aufgrund seiner komplexen Überlieferungsgeschichte streckenweise nicht zuverlässig. Durch philologische Eingriffe musste er in seiner authentischen Gestalt wiederhergestellt werden; auch hierin ist eine Parallele zur historischen Bibelwissenschaft zu sehen. Wie nun würde eine evangelische Theologin beispielsweise mit einer der zentralen kosmologischen Annahmen des *Almagest*, nämlich dass sich »die Erde wie das Zentrum einer Kugel in der Mitte des Weltalls« befindet (*Syntaxis mathematica*, I.5), verfahren? Würde sie, um der heutigen Leserschaft die Botschaft des *Almagest* schmackhaft zu machen, das vom Wortlaut her eindeutige Bekenntnis zum geozentrischen Weltbild als historisch bedingte Ausdrucksweise relativieren und behaupten, dass Ptolemaios – ›recht verstanden‹ – seinen Lesern eigentlich ein heliozentrisches oder gar ein aktuellen kosmologischen Theorien entsprechendes Weltbild vermitteln wollte? Sind solche Mutmaßungen polemische Zuspitzung, oder müsste man nicht tatsächlich damit rechnen, dass christliche Exegeten, die in der bekannten Weise etwa mit dem biblischen Auferstehungsbericht verfahren, es in diesem fiktiven Fall genau so halten würden?

72 Vgl. Vanhoutte/McCraw: *Purgatory. Philosophical Dimensions*; Guthrie: *Gods of this World. A Philosophical Discussion and Defense of Christian Demonology*; McCraw/Arp (Hrsg.): *Philosophical Approaches to Demonology*.

73 Vgl. Gaine: *Will there Be Free Will in Heaven?*; Sennett: *Is there Freedom in Heaven?*

74 Vgl. Poston: *Will there Be Skeptics in Heaven?*

75 Vgl. Weidemann: *Christian Soteriology and Extraterrestrial Intelligence*; Ders.: *Did Jesus Die for Klingons too?*

76 Vgl. Bergmann/ Murray/Rea (Hrsg.): *Divine Evil? The Moral Character of the God of Abraham*.

77 Vgl. Kahane: *Should We Want God to Exist?*; Ders.: *Prudential Objections to Theism.*

78 Vulgaritätstolerante Cineasten muteten sich in den 1970er Jahren einen Film mit dem Titel *La grande bouffe* zu, in dem vorgeführt wird, wie unerfreulich bereits ein erheblich ausgedehntes, noch nicht einmal endloses ›Großes Fressen‹ unvermeidlicherweise ist.

79 Williams: *Die Sache Makropulos*, 162. – Von Kant ist die Bemerkung zu den Schattenseiten einer »ewigen Fortdauer« überliefert, es sei »höchst gewagt [...], sich für einen völlig unbekannten und doch ewigen Zustand zu entscheiden und sich willkürlich einem ungewissen Schicksal zu übergeben, das ungeachtet aller Reue über die getroffene Wahl, ungeachtet alles Überdrusses über das endlose Einerlei und ungeachtet aller Sehnsucht nach einem Wechsel dennoch unabänderlich und ewig wäre«; *Immanuel Kant in Rede und Gespräch*, 232.

80 Nagel: *Der Blick von nirgendwo*, 387; vgl. auch Tugendhat: *Unsere Angst vor dem Tod*, 164.

81 Vgl. den Überblick bei Amor: *Himmlische Langeweile*, sowie bei Bruckner: *Against the Tedium of Immortality.*

82 Vgl. die *bibliographie raisonnée* von Kvanvig: *Heaven and Hell*, sowie Buenting (Hrsg.): *The Problem of Hell*; Walls: *Eternal Hell and the Christian Concept of God*; Ders.: *Heaven and Hell*, 493 ff.

83 Vgl. Swinburne: *A Theodicy of Heaven and Hell*; Seymour: *A Theodicy of Hell*; Amor: *Theodizee der Hölle.*

84 Craig: *Talbott's Universalism*, bes. 306 f.; Talbott: *Craig on the Possibility of Eternal Damnation*, bes. 508; vgl. auch Spiegel: *Hell and Divine Goodness*, 110 ff.

85 Vgl. Himma: *The Ethics of Subjecting a Child to the Risk of Eternal Torment in Advance*; dagegen Bawulski: *Do Hell and Exclusivism Make Procreation Impermissible?*

86 Vgl. Seymour: *A Theodicy of Hell*, bes. 88 und 185; McCord Adams: *Hell and the God of Justice*, 433. Ähnlich Murray: *Heaven and Hell*, 580: »[The] unchecked sinful desires [of the damned] continue to lead them to sin even in hell and so continue to mount penalties which are never satisfied.« Gegen diesen Versuch einer Entschärfung des »proportionality problem of hell« vgl. Himma: *Eternally Incorrigible.*

87 Andrei/Plug: *Escaping Hell*, 39; vgl. auch Luck: *Escaping Heaven and Hell.*

88 Tetens: *Gott denken*, 10; vgl. auch Jäger: *Glaube, Wissen und rationales Hoffen*; Rohs: *Der Platz zum Glauben.*

BIBLIOGRAPHIE

Literatur vor 1900

Anon.: Theophrastus redivivus, hrsg. Guido Canziani/Gianni Paganini. Florenz 1981.

Anon.: Cymbalum mundi sive Symbolum sapientiae, hrsg. Guido Canziani/Winfried Schröder/Francisco Socas. Mailand 2000.

Anon.: Traité des trois imposteurs. Traktat von den drei Betrügern, hrsg. Winfried Schröder. Hamburg ²1994.

Anon.: Dissertation sur la formation du monde, hrsg. Claudia Stancati. Paris 2001.

Anon.: La fausseté des miracles des deux testamens [*sic*]. o. O., o. J. [um 1770].

Anon.: [›Ps.-Vallée‹]. La béatitude des Chrétiens ou le fléo de la foi, in: Arseni W. Gulyga (Hrsg.): Anonimnye ateističeskie traktaty. Moskau 1969, 221–319.

Augustinus, Aurelius: De natura et gratia, in: Patrologiae cursus completus. Series II: Ecclesia Latina. Paris 1841 ff., Bd. 44, 247–290.

–: Epistula 93 (ad Vincentium), in: Corpus scriptorum ecclesiasticorum Latinorum. Wien 1866 ff., Bd. 34, 445–496.

Bernays, Jacob: Auszüge und Einfälle, hrsg. Karlfried Gründer, in: Bernhard Adams u.a. (Hrsg.): Aratro corona messoria. Festgabe Günther Pflug. Bonn 1988, 131–152.

Bradlaugh, Charles: A Plea for Atheism, in: Two Nights' Public Discussions between Thomas Cooper and Charles Bradlaugh […] to Which is Added A Plea for Atheism. London 1864, n.p. ([66]-[70]).

Bramhall, John: The Catching of Leviathan or, The Great Whale; Anhang zu: Ders.: Castigations of Mr. Hobbes. London 1658, [449]–573.

Büchner, Ludwig: Kraft und Stoff oder Grundzüge der natürlichen Weltordnung [1855]. ²¹Leipzig 1904.

Diderot, Denis: Briefe an Sophie Volland, hrsg. Rolf Geißler. Leipzig 1986.

Diecmann, Johann: De naturalismo [1683]. ²Leipzig 1684.

Feuerbach, Ludwig: Das Wesen des Christentums [1841], in: Ders.: Werke in sechs Bänden, hrsg. Erich Thies. Frankfurt am Main 1975 ff., Bd. 5.

Fréret, Nicolas: Lettre de Thrasybule à Leucippe, hrsg. Sergio Landucci. Florenz 1986.

Harrison, Frederic: The Ghost of Religion [1884], in: Pyle: Agnosticism [s.d.], 109–123.

Heine, Heinrich: Zur Geschichte der Religion und Philosophie in Deutschland [1834], in: Ders.: Sämtliche Schriften, hrsg. Klaus Briegleb. Frankfurt am Main u.a. 1981, Bd. 5.

Herder, Johann Gottfried: Gott [1787], in: Ders.: Sämtliche Werke, hrsg. Bernhard Suphan, Bd. 16. Berlin 1887, 401–578.

Hobbes, Thomas: Leviathan, hrsg. Edwin Curley. Indianapolis/Cambridge 1994.

Holbach, Paul-Henri Thiry d': System der Natur [1770], übers. Fritz-Georg Voigt. Frankfurt am Main 1978.

Hume, David: Dialoge über natürliche Religion. Übers., eingel. und mit Anm. hrsg. von Lothar Kreimendahl. Hamburg 2016.

–: Die Naturgeschichte der Religion [und andere Schriften], übers. und hrsg. von Lothar Kreimendahl. Hamburg ²2000.

Huxley, Thomas Henry: Selected Works. Westminster Edition. London 1893.

Illingworth, John Richardson: Divine Immanence. London 1898.

Kant, Immanuel: Gesammelte Schriften, hrsg. von der Königlich Preußischen [später: Deutschen] Akademie der Wissenschaften. Berlin u.a. 1902 ff. [AA].

–: Immanuel Kant in Rede und Gespräch, hrsg. Rudolf Malter. Hamburg 1990.

Kierkegaard, Søren: Furcht und Zittern [1843], übers. Liselotte Richter. Reinbek 1964.

Knutzen, Matthias: Schriften und Materialien, hrsg. Winfried Schröder. Stuttgart-Bad Cannstatt 2010.

Laktanz [Lucius Caecilius Firmianus Lactantius]: Vom Zorne Gottes [De ira Dei], in: Ders.: Schriften, übers. Aloys Hartl. Kempten/München 1919, 65–126.

Leibniz, Gottfried Wilhelm: Sämtliche Schriften und Briefe, hrsg. von der Preußischen [später: Deutschen] Akademie der Wissenschaften. Berlin u.a. 1923 ff. [AA]

–: Brief an John Toland, 30. April 1709, in: John Toland: A Collection of Several Pieces. London 1726, Bd. 2, 385 f.

–: Praefatio zu: Ernesti Soneri Demonstratio theologica et philosophica, quod aeterna impiorum supplicia non arguant Dei justitiam, sed injustitiam, in: Gotthold Ephraim Lessing: Werke, hrsg. Herbert G. Göpfert, Bd. 7. Darmstadt 1976, 175 ff.

Locke, John: Ein Brief über Toleranz, hrsg. und übers. Julius Ebbinghaus. Hamburg ²1966.
Marx, Karl/Engels, Friedrich: Werke, hrsg. vom Institut für Marxismus-Leninismus beim Zentralkomitee der SED. Berlin 1977 [MEW].
Meslier, Jean: Das Testament des Abbé Meslier, übers. Angelika Oppenheimer, hrsg. Günther Mensching. Frankfurt am Main 1976.
–/ Holbach, Paul-Henri Thiry d' (Bearb.): Le bon sens du Curé Meslier, suivi de son testament. Brüssel 1829 [1830?]; Reprint: Hildesheim/New York 1970.
Mill, John Stuart: Three Essays on Religion, in: Ders.: Collected Works, Bd. 10. Toronto 1963.
Nietzsche, Friedrich: Kritische Studienausgabe, hrsg. Giorgio Colli/ Mazzino Montinari. Berlin/New York 1980.
Novalis [Friedrich von Hardenberg]: Das Allgemeine Brouillon. Materialien zur Enzyklopädistik 1798/1799, hrsg. Hans-Joachim Mähl. Hamburg 1993.
Pascal, Blaise: Oeuvres complètes, hrsg. Jacques Chevalier. Paris 1954.
Philosophes sans dieu. Textes athées clandestins du XVIIIe siècle, hrsg. Gianluca Mori/Alain Mothu. Paris 2005.
Ptolemaios, Klaudios: Handbuch der Astronomie [Almagest], übers. Karl Manitius. Leipzig 1963.
Robert Holcot: Sex articuli per modum conferentiae disputati, in: Hoffmann: Die ›Conferentiae‹ des Robert Holcot [s.d.], 65–127.
Schopenhauer, Arthur: Parerga und Paralipomena [1851], in: Ders.: Werke, hrsg. Arthur Hübscher. Leipzig 1937 ff., Bd. 6.
Sextus Empiricus: The Works, hrsg. R. G. Bury. Cambridge, Mass./ London 1976.
–: Grundriss der pyrrhonischen Skepsis. Eingel. und übers. von Malte Hossenfelder. Frankfurt am Main 1985.
Spencer, Herbert: Religion. A Retrospect and Prospect [1884], in: Pyle: Agnosticism [s.d.], 95–108.
Spinoza, Baruch: Ethik, hrsg. u. übers. von Wolfgang Bartuschat. Hamburg 2010.
Thomas von Aquin: Die deutsche Thomas-Ausgabe. Vollst., ungekürzte dt.-lat. Ausgabe der Summa theologica. Salzburg u.a. 1933 ff.
Toland, John: Pantheisticon. ›Cosmopoli‹ [London] 1720.
–: Pantheistikon, übers. Ludwig Fensch. Leipzig 1897.
Voltaire, François-Marie Arouet: Épitre à l'auteur du livre des trois imposteurs [1769], in: Ders.: Oeuvres complètes, hrsg. Louis Moland. Paris 1877–1885, Bd. 10, 402–405.
William von Ockham: Opera plurima. Lyon 1494–96.

Literatur seit 1900

Adorno, Theodor W.: Negative Dialektik [1966], in: Ders.: Gesammelte Schriften, Bd. 6. Frankfurt am Main 1970, 7–412.

Allen, Barry: Atheism, Relativism, Enlightenment, and Truth, in: Studies in Religion. Sciences religieuses 23 (1994) 167–177 (auch in: Hendrik Hart (Hrsg.): Walking the Tightrope of Faith. Amsterdam 1999, 70–81).

Amor, Christoph J.: Streitfall Hölle. Zur neueren ›problem of hell‹-Debatte, in: Freiburger Zeitschrift für Philosophie und Theologie 59 (2012) 197–222.

–: Theodizee der Hölle, in: Wandinger, Nikolaus/Steinmair-Pösel, Petra (Hrsg.): Im Drama des Lebens Gott begegnen. Münster u.a. 2011, 126–144.

–: Himmlische Langeweile... Ist die christliche Lehre vom Himmel widersprüchlich?, in: Zeitschrift für katholische Theologie 134 (2012) 281–301.

Angeles, Peter (Hrsg.): Critiques of God. Buffalo 1976.

Antony, Louise M. (Hrsg.): Philosophers without Gods. Meditations on Atheism and the Secular Life. Oxford 2007.

Assmann, Jan: Die mosaische Unterscheidung oder der Preis des Monotheismus. München 2003.

Barnes, Julian: Nothing to Be Frightened of. London 2008.

Bawulski, Shawn: Do Hell and Exclusivism Make Procreation Impermissible? A Reply to Kenneth Himma, in: Faith and Philosophy 30 (2013) 330–344.

Beckermann, Ansgar: Das logische Problem des Übels ist nicht gelöst, in: Zeitschrift für philosophische Forschung 64 (2010) 239–245.

–: Glaube. Berlin/Boston 2013.

–: Ein nüchterner Blick auf die Welt, in: Jaster/Schulte: Glaube und Rationalität [s. d.], 15–30.

–: Antworten, in: Jaster/Schulte: Glaube und Rationalität [s.d.], 191–203.

–: Naturalismus: Entwurf eines wissenschaftlich fundierten Welt- und Menschenbilds. Paderborn 2021.

Bell, David: Spinoza in Germany from 1670 to the Age of Goethe. London 1984.

Benn, Piers: Some Uncertainties about Agnosticism, in: International Journal for Philosophy of Religion 46 (1999) 171–188.

Bergmann, Michael J./Murray, Michael J./Rea, Michael C. (Hrsg.): Divine Evil? The Moral Character of the God of Abraham [2010]. ²Oxford 2013.

Berman, David: A History of Atheism in Britain from Hobbes to Russell. London 1990.
Bishop, John: Can there Be Alternative Concepts of God?, in: Noûs 32 (1998) 174–188.
Blackburn, Simon: On Being an Infidel, in: Sophia 60 (2021) 567–574.
Blanshard, Brand: Reason and Belief. London 1974.
Bloch, Olivier (Hrsg.): Le matérialisme du XVIIIe siècle et la littérature clandestine. Paris 1982.
–: Theophrastus redivivus, in: Grundriss der Geschichte der Philosophie. Die Philosophie des 17. Jahrhunderts, Frankreich und Niederlande, hrsg. Jean-Pierre Schobinger, Bd. 2. Basel 1993, 258–261.
–/ Porset, Charles: Le matérialisme au siècle des Lumières, in: Dix-huitième siècle 24 (1992) 5–10.
Bordt, Michael: Platons Theologie. Freiburg i. Br. 2006.
Bornat, Richard: Proof and Disproof in Formal Logic. Oxford 2005.
Boscaljon, Daniel: Agnostic Theology, in: Christopher D. Rodkey/Jordan E. Miller (Hrsg.): The Palgrave Handbook of Radical Theology. Cham 2018, 499–510.
Bromand, Joachim/Kreis, Guido (Hrsg.): Gottesbeweise von Anselm bis Gödel. Berlin 2011.
Bruckner, Donald W.: Against the Tedium of Immortality, in: International Journal of Philosophical Studies 20 (2012) 623–644.
Buckareff, Andrei/Nagasawa, Yujin (Hrsg.): Alternative Concepts of God. Essays on the Metaphysics of the Divine. Oxford 2016.
–/ Plug, Allen: Escaping Hell. Divine Motivation and the Problem of Hell, in: Religious Studies 41 (2005) 39–54.
Buckley, Michael J.: At the Origins of Modern Atheism [1987]. New Haven u.a. 2010.
Buenting, Joel (Hrsg.): The Problem of Hell. London/New York 2016.
Bullivant, Stephen/Ruse, Michael (Hrsg.): The Oxford Handbook of Atheism. Oxford 2013.
–: Defining ›Atheism‹, ebd. 11–21.
–/ Lee, Lois: A Dictionary of Atheism. Oxford 2016.
–/ Ruse, Michael (Hrsg.): The Cambridge History of Atheism. Cambridge 2021.
Carnap, Rudolf: Von Gott und Seele [1929], in: Scheinprobleme in der Philosophie und andere metaphysikkritische Schriften, hrsg. Thomas Mormann. Hamburg 2004, 49–62.
–: Überwindung der Metaphysik durch logische Analyse der Sprache [1932], ebd. 80–109.
Carr, Bernard (Hrsg.): Universe or Multiverse? New York 2007.

Cliteur, Paul: The Definition of Atheism, in: Journal of Religion and Society 11 (2009) 1–23.

Collins, Robin: Fine Tuning Is Evidence that God Exists, in: Peterson/VanArragon: Contemporary Debates [s.d.], 27–36.

Colyvan, Mark/Garfield, Jay L./Priest, Graham: Problems with the Argument from Fine Tuning, in: Synthese 145 (2005) 325–338.

Comte-Sponville, André: Woran glaubt ein Atheist? Spiritualität ohne Gott [2006]. Zürich 2008.

Corlett, J. Angelo: The Errors of Atheism. London 2010.

–/ Cangelosi, Josh: Atheism and Epistemic Justification, in: International Journal for Philosophy of Religion 78 (2015) 91–106.

Craig, William Lane: Talbott's Universalism, in: Religious Studies 27 (1991) 297–308.

–/ Sinnott-Armstrong, Walter (Hrsg.): God? A Debate between a Christian and an Atheist. Oxford 2004.

Crane, Tim: Die Bedeutung des Glaubens. Religion aus der Sicht eines Atheisten [2017]. Berlin 2019.

Curley, Edwin: The God of Abraham, Isaac, and Jacob, in: Bergmann u.a. (Hrsg.): Divine Evil? [s.d.], 58–78.

Daly, Chris: Agnosticism and the Balance of Evidence, in: Mirosław Szatkowski (Hrsg.): Ontology of Theistic Beliefs. Berlin/Boston 2018, 1–18.

Dawkins, Richard: The Blind Watchmaker. London 1986.

–: The God Delusion [2006]. Boston/New York 2008.

De Dijn, Herman: Spinoza on Truth, Religion, and Salvation, in: The Review of Metaphysics 66 (2013) 545–564.

Demmerling, Christoph: Die Neuerfindung Gottes. Prototheologie und philosophische Theologie, in: C. Demuth/N. Schneidereit (Hrsg.), Interexistentialität und Unverfügbarkeit. Freiburg/München 2014, 107–130.

Dennett, Daniel C.: Breaking the Spell. Religion as a Natural Phenomenon [2006]. London 2007.

Denzinger, Heinrich: Enchiridion symbolorum, definitionum et declarationum de rebus fidei et morum. [45]Freiburg/Basel/Wien 2017.

Detel, Wolfgang: Warum wir nichts über Gott wissen können. Hamburg 2018.

Dewey, John: A Common Faith. New Haven 1934.

Diller, Jeanine: The Conceptual Focus of Ultimism, in: Religious Studies 49 (2013) 221–233.

–: Global and Local Atheisms, in: International Journal for Philosophy of Religion 79 (2016) 7–18.

–/ Kasher, Asa (Hrsg.): Models of God and Alternative Ultimate Realities. Dordrecht u.a. 2013.

Drange, Theodore M.: The Argument from Non-Belief, in: Religious Studies 29 (1993) 417–432 (auch in: Martin/Monnier: The Improbability of God [s.d.], 241–356).

–: Nonbelief and Evil. Two Arguments for the Nonexistence of God. Amherst 1998.

–: McHugh's Expectations Dashed, in: Martin/Monnier: The Improbability of God [s.d.], 357–361.

Draper, Paul: Atheism and Agnosticism, in: Stanford Encyclopedia of Philosophy (Fall 2017 edition).

Dummett, Michael: Biblical Exegesis and the Resurrection, in: New Blackfriars 58 (1977) 56–72; deutsch: Biblische Exegese und Auferstehung, in: Communio 13 (1984) 271–283.

Dumsday, Travis: Divine Hiddenness as Deserved, in: Faith and Philosophy 31 (2014) 286–302.

Dupré, John: Darwins Vermächtnis. Die Bedeutung der Evolution für die Gegenwart des Menschen [2003]. Frankfurt am Main 2009.

Dupré, Louis: On the Intellectual Sources of Modern Atheism, in: International Journal for Philosophy of Religion 45 (1999) 1–11.

Dworkin, Ronald: Religion ohne Gott [2013]. Berlin 2014.

Edwards, Paul: Professor Tillich's Confusions, in: Mind 74 (1965) 192–214.

–: Atheism, in: Ders. (Hrsg.): The Encyclopedia of Philosophy. New York/London 1967, Bd. 1, 174–189.

Elliott, James: The Power of Humility in Sceptical Religion: why Ietsism Is Preferable to J. L. Schellenberg's Ultimism, in: Religious Studies 53 (2017) 97–116.

Fallon, Francis/Hyman, Gavin (Hrsg.): Agnosticism. Explorations in Philosophy and Religious Thought. Oxford 2020.

Farley, John: The Spontaneous Generation Controversy from Descartes to Oparin. Baltimore/London 1977.

Fitzgerald, Timothy: Herbert Spencer's Agnosticism, in: Religious Studies 23 (1987) 477–491.

Flew, Antony: Theology and Falsification [1950], in: Ders./Alasdair MacIntyre (Hrsg.): New Essays in Philosophical Theology. London 1955, 96–99.

–: The Presumption of Atheism [1972], in: Ders.: God, Freedom, and Immortality. Amherst 1984, 13–30.

–: The Principle of Agnosticism, ebd., 31–41.

–/ Varghese, Roy Abraham: There Is a God. How the World's Most Notorious Atheist Changed His Mind. San Francisco 2007.

Frede, Michael: Monotheism and Pagan Philosophy in Later Antiquity, in: Polymnia Athanassiadi/Ders. (Hrsg.): Pagan Monotheism in Late Antiquity. Oxford 1999, 41–68.

Friederich, Simon: Fine-Tuning, in: Stanford Encyclopedia of Philosophy (2017).

Fry, Iris: The Emergence of Life on Earth. A Historical and Scientific Overview. New Brunswick 2000.

Fuqua, Jonathan/Koons, Robert C. (Hrsg.): Classical Theism. New York 2023.

Gaine, Simon Francis: Will there Be Free Will in Heaven? Freedom, Impeccability and Beatitude. London 2003.

Gale, Richard M.: On the Nature and Existence of God. Cambridge 1991.

Garvey, Brian: Absence of Evidence, Evidence of Absence, and the Atheist's Teapot, in: Ars disputandi 10 (2010) 9–22.

Gasser, Georg/Kreiner, Armin/Weidner, Veronika (Hrsg.): Verborgenheit Gottes. Klassische und aktuelle Beiträge aus Theologie und Religionsphilosophie. Stuttgart 2020.

Gawlick, Günter: Der Deismus als Grundzug der Religionsphilosophie der Aufklärung, in: Hermann Samuel Reimarus. Göttingen 1973, 15–43.

Gill, Jerry H.: Professor Edwards' Confusions, in: Mind 76 (1967) 587–591.

Green, Adam/Stump, Eleonore (Hrsg.): Hidden Divinity and Religious Belief. New Perspectives. Cambridge 2015.

Guthrie, Shandon L.: Gods of this World. A Philosophical Discussion and Defense of Christian Demonology. Eugene 2018.

Gutting, Gary: Religious Agnosticism, in: Midwest Studies in Philosophy 37 (2013) 51–67.

Haag, Johannes/Wild, Markus: Philosophie der Neuzeit. München 2019.

Habermas, Jürgen: Zu Max Horkheimers Satz ›Einen unbedingten Sinn zu retten ohne Gott, ist eitel‹, in: Ders.: Texte und Kontexte. Frankfurt am Main 1991, 110–126.

Hanson, Norwood Russell: What I Do not Believe. Dordrecht 1971.

Hedwig, Klaus: Das Isaak-Opfer. Über den Status des Naturgesetzes bei Thomas von Aquin, Duns Scotus und Ockham, in: Miscellanea mediaevalia 21/2 (1992) 645–661.

Hick, John: An Interpretation of Religion. Basingstoke 1989.

–: God Has Many Names. Philadelphia 1982; deutsch: Gott und seine vielen Namen. Frankfurt am Main 2001.

–: The Rainbow of Faiths. Critical Dialogues on Religious Pluralism. London 1995.
–: Religious Pluralism, in: Charles Taliaferro/Paul Draper/Philip L. Quinn (Hrsg.): A Companion to Philosophy of Religion. Chichester/Malden, MA ^{2}2010, 710–717.
Himma, Kenneth Einar: Eternally Incorrigible: the Continuing-Sin Response to the Proportionality Problem of Hell, in: Religious Studies 39 (2003) 61–78.
–: The Ethics of Subjecting a Child to the Risk of Eternal Torment in Advance, in: Faith and Philosophy 33 (2015) 395–415.
Hoerster, Norbert: Die Frage nach Gott. München 2005.
Hoffmann Friedrich: Die theologische Methode des Oxforder Dominikanerlehrers Robert Holcot. Münster 1972.
–: Die ›Conferentiae‹ des Robert Holcot. Münster 1993.
Honnefelder, Ludger: Atheismus, in: Lexikon für Theologie und Kirche. Freiburg i. Br. ^{3}1993 ff., Bd. 1, 1132–1135.
Horkheimer, Max: Gesammelte Schriften, hrsg. Alfred Schmidt/Gunzelin Schmid Noerr. Frankfurt am Main 1985 ff.
–/ Adorno, Theodor W.: Dialektik der Aufklärung, ebd. Bd. 5.
Howard-Snyder, Daniel/Moser, Paul K. (Hrsg.): Divine Hiddenness. New Essays. Cambridge/New York 2002.
Huber, Werner: Das Denken Joseph Ratzingers. Paderborn 2017.
Hubertus, Andreas: Tödliche Werkzeuge Gottes. Merkmale terroristischer Theologie in Christentum und Islam. Brühl 2018.
Hühn, Helmut: Potenzen II, in: Joachim Ritter / Karlfried Gründer / Gottfried Gabriel (Hrsg.): Historisches Wörterbuch der Philosophie, Bd. 7. Basel 1989, 1171 f.
Hyman, Gavin: Atheism in Modern History, in: Martin: The Cambridge Companion to Atheism [s.d.], 27–46.
–: A Short History of Atheism. London 2010.
Inwagen, Peter van: Material Beings [1990]. Ithaca/London 1995.
–: Dualism and Materialism: Athens and Jerusalem?, in: Ders.: The Possibility of Resurrection and Other Essays in Christian Apologetics. Boulder 1998, 53–68.
–: A Materialist Ontology of the Human Person, in: Ders./Dean Zimmerman (Hrsg.): Persons: Human and Divine. Oxford 2007, 199–215.
–: Russell's China Teapot, in: Dariusz Lukasiewicz/Roger Pouivet (Hrsg.): The Right to Believe. Perspectives in Religious Epistemology. Heusenstamm 2012, 11–26.
Israel, Jonathan: Radical Enlightenment. Philosophy and the Making of Modernity, 1650–1750. Oxford 2001.

Jäger, Christoph: Glaube, Wissen und rationales Hoffen, in: Michael Quante (Hrsg.): Geschichte – Gesellschaft – Geltung. Hamburg 2016, 501–517.
Jantzen, Grace M.: Feminism and Pantheism, in: The Monist 80 (1997) 266–285.
Jaster, Romy/Schulte, Peter (Hrsg.): Glaube und Rationalität. Gibt es gute Gründe für den (A)theismus? Paderborn 2019.
Jonas, Hans: Philosophische Untersuchungen und metaphysische Vermutungen. Frankfurt am Main 1994.
–: Last und Segen der Sterblichkeit, ebd., 81–100.
Jordan, Jeff: The Topography of Divine Love, in: Faith and Philosophy 29 (2012) 53–69.
Kahane, Guy: Should We Want God to Exist?, in: Philosophy and Phenomenological Research 82 (2011) 674–696.
–: Prudential Objections to Theism, in: Oppy: A Companion to Atheism and Philosophy [s.d.], 216–233.
Kemmerling, Andreas: Glauben. Essay über einen Begriff. Frankfurt am Main 2017.
Kenny, Anthony: Faith and Reason. New York 1983.
–: The Unknown God. Agnostic Essays. London 2004.
Kidd, Ian James: Epistemic Vices in Public Debate. The Case of ›New Atheism‹, in: Christopher Cotter u.a. (Hrsg.): New Atheism. Critical Perspectives and Contemporary Debates. Dordrecht 2017, 51–68.
Kippenberg, Hans G./Seidensticker, Tilman (Hrsg.): Terror im Dienste Gottes. Die ›Geistliche Anleitung‹ der Täter des 11. September. Frankfurt am Main 2004.
Kobusch, Theo: Paradoxon und religiöse Existenz, in: Paul Geyer/Roland Hagenbüchle (Hrsg.): Das Paradox. Stuttgart 1992, 455–480.
Kors, Alan Charles: The Age of the Enlightenment, in: Bullivant/Ruse: The Oxford Handbook of Atheism [s.d.], 195–211.
Koyré, Alexandre: Von der geschlossenen Welt zum unendlichen Universum [1957]. Frankfurt am Main 1980.
Kutschera, Franz von: Vernunft und Glaube. Berlin/New York 1990.
Kvanvig, Jonathan L.: Heaven and Hell. Oxford 2010.
LeDrew, Stephen: The Evolution of Atheism. The Politics of a Modern Movement. Oxford 2016.
Le Poidevin, Robin: Agnosticism. A very Short Introduction. Oxford 2010.
Levine, Michael P.: Divine Unity and Superfluous Synonymity, in: The Journal of Speculative Philosophy, n.s., 4 (1990) 211–236.
–: Pantheism. A Non-Theistic Concept of Deity. London 1994.

–: Pantheism, Theism and the Problem of Evil, in: International Journal for Philosophy of Religion 35 (1994) 129–151.

Lewis, David: Divine Evil, in: Antony: Philosophers without Gods [s.d.], 231–242.

Löffler, Winfried: Einführung in die Religionsphilosophie. Darmstadt 2006.

Luck, Morgan: Escaping Heaven and Hell, in: Religious Studies 52 (2016) 395–402.

MacIntyre, Alasdair: Pantheism, in: Paul Edwards (Hrsg.): Encyclopedia of Philosophy. New York/London 1967, Bd. 6, 31–35.

Mackie, John L.: Das Wunder des Theismus. Argumente für und gegen die Existenz Gottes [1982]. Stuttgart 1985.

Manson, Neil A. (Hrsg.): God and Design. The Teleological Argument and Modern Science. London/New York 2003.

Martin, Michael: Atheism. A Philosophical Justification. Philadelphia 1990.

– (Hrsg.): The Cambridge Companion to Atheism. Cambridge 2007.

–/ Monnier, Ricki (Hrsg.): The Improbability of God. Amherst 2006.

Matz, Lou J.: Mill's Philosophy of Religion, in: Christopher Macleod/Dale E. Miller (Hrsg.): A Companion to John Stuart Mill. Oxford 2017, 279–293.

McCord Adams, Marilyn: Hell and the God of Justice, in: Religious Studies 11 (1975) 433–447.

McCraw, Benjamin W./Arp, Robert (Hrsg.): Philosophical Approaches to Demonology. New York/London 2017.

McGrath, Alister: The Twilight of Atheism. The Rise and Fall of Disbelief in the Modern World. London 2004.

–: The Dawkins Delusion. Atheist Fundamentalism and the Denial of the Divine. London 2007.

–: Dawkins' God. From ›The Selfish Gene‹ to ›The God Delusion‹. Hoboken 2015.

McGrath, Patrick J.: Atheism or Agnosticism, in: Analysis 47 (1987) 54–57.

McHugh, Christopher: A Refutation of Drange's Arguments from Evil and Non-Belief, in: Philo 5 (2002) 94–102.

McInerny, Ralph: Praeambula fidei. Thomism and the God of the Philosophers. Washington 2006.

Mendelsohn, Everett: Philosophical Biology vs Experimental Biology: Spontaneous Generation in the Seventeenth Century, in: Marjorie Grene/Ders. (Hrsg.): Topics in the Philosophy of Biology. Dordrecht 1976, 37–65.

Miller, Barry: A Most Unlikely God. Notre Dame 1996.
Minois, Georges: Geschichte des Atheismus. Von den Anfängen bis zur Gegenwart [1999]. Weimar 2000.
Mion, Giovanni: God, Ignorance and Existence, in: International Journal for Philosophy of Religion 72 (2012) 85–88.
Mori, Gianluca: Mori, Gianluca: Early Modern Atheism from Spinoza to d'Holbach. Oxford 2021.
–: Athéisme et dissimulation au XVIIe siècle. Guy Patin et le Theophrastus redivivus. Paris 2022.
–/ Mothu, Alain (Hrsg.): Philosophes sans dieu. Textes athées clandestins du XVIIIe siècle. Paris 2005.
Murray, Michael J.: Heaven and Hell, in: William L. Craig (Hrsg.): Philosophy of Religion. Edinburgh 2002, 577–595.
Murrmann-Kahl, Michael: Der Pantheismusstreit, in: Georg Essen/ Christian Danz (Hrsg.): Philosophisch-theologische Streitsachen. Pantheismusstreit – Atheismusstreit – Theismusstreit. Darmstadt 2012, 93–134.
Nadler, Steven: Benedictus Pantheissimus, in: G. A. J. Rogers/Tom Sorell/Jill Kraye (Hrsg.): Insiders and Outsiders in Seventeenth-Century Philosophy. London 2010, 238–256.
Nagasawa, Yujin: Maximal God. A New Defence of Perfect Being Theism. Oxford 2017.
Nagel, Ernest: Philosophical Concepts of Atheism, in: Angeles (Hrsg.): Critiques of God [s. d.], 3–18.
Nagel, Thomas: Der Blick von nirgendwo [1986]. Frankfurt am Main 1992.
–: Letzte Fragen [1979]. Darmstadt 1996.
–: Das letzte Wort [1997]. Stuttgart 1999.
–: Dawkins and Atheism, in: Ders.: Secular Philosophy and the Religious Temperament. Oxford 2010, 19–26.
–: Geist und Kosmos [2012]. ²Berlin 2016.
Nussbaum, Martha: The Therapy of Desire. Theory and Practice in Hellenistic Ethics [1994]. Princeton 2009.
Oppenheimer, Mark: The Turning of an Atheist, in: The New York Times Magazine (4.11.2007).
Oppy, Graham: Atheism. The Basics. London/New York 2018.
– (Hrsg.): A Companion to Atheism and Philosophy. Hoboken 2019.
–: Defining ›Religion‹ and ›Atheism‹, in: Sophia 60 (2021) 517–529.
–/ De Cruz, Helen/Pearce, Kenneth L.: Is There a God? A Debate. New York 2021.
Ostwald, Wilhelm: Monistische Sonntagspredigten. Leipzig 1911–1916.

Paganini, Gianni: The First Philosophical Atheistic Treatise: Theophrastus redivivus (1659), in: Ders./Margaret C. Jacob/John Christian Laursen (Hrsg.): Clandestine Philosophy. Toronto 2020, 37–83.
Parfit, Derek: Why Anything? Why This? [1998], in: Ders.: On What Matters, Bd. 2. Oxford 2011, 623–648.
Pearce, Kenny: Classical Theism. An Exposition and Defense, in: Oppy u. a. (Hrsg.): Is There a God? [s. d.], 11–91.
Peterson, Michael L./VanArragon, Raymond J. (Hrsg.): Contemporary Debates in Philosophy of Religion. Oxford 2004.
Peterson, Paul Silas (Hrsg.): The Decline of Established Religion in the Western World. London 2018.
Philipse, Herman: Reason and Religion. Evaluating and Explaining Belief in Gods. Cambridge 2022.
Plantinga, Alvin: The Nature of Necessity. London 1974.
–: Against Naturalism, in: Ders./Michael Tooley: Knowledge of God. Malden u. a. 2008, 1–69.
Ployd, Adam: For Their Own Good: Augustine and the Rhetoric of Beneficial Persecution, in: Éric Fournier/Wendy Mayer (Hrsg.): Heirs of Roman Persecution. London/New York 2019, 95–111.
Poston, Ted: Will there Be Skeptics in Heaven?, in: T. Ryan Byerly/Eric J. Silverman (Hrsg.): Paradise Understood. New Philosophical Essays about Heaven. Oxford 2017.
Pruss, Alexander/Gale, Richard M.: Cosmological and Design Arguments, in: William J. Wainwright (Hrsg.): The Oxford Handbook of Philosophy of Religion. Oxford 2005, 116–137.
Pyle, Andrew: Agnosticism. Contemporary Responses to Spencer and Huxley. Bristol 1995.
Quine, Willard van Orman: Quiddities. An Intermittently Philosophical Dictionary. Cambridge, Mass. 1987.
Quinn, Philipp L.: The Recent Revival of Divine Command Ethics, in: Philosophy and Phenomenological Research 50 [Suppl.] (1990) 343–365.
Reitan, Eric: Is God a Delusion? A Reply to Religion's Cultured Despisers. Chichester 2009.
Ricken, Friedo: Glauben weil es vernünftig ist. Stuttgart 2007.
Robinson, Richard: Arguing from Ignorance, in: The Philosophical Quarterly 21 (1971) 97–108.
Rohs, Peter: Der Platz zum Glauben. Paderborn 2013.
–: Der Platz zum Glauben, in: Michael Quante (Hrsg.): Geschichte – Gesellschaft – Geltung. Hamburg 2016, 519–528.

–: Worauf gründet sich die Vernünftigkeit des Theismus? Eine Auseinandersetzung mit Holm Tetens' ›Gott denken – ein Versuch über rationale Theologie‹, in: Zeitschrift für philosophische Forschung 70 (2016) 125–134.

Rorty, Richard: Antiklerikalismus und Atheismus [2003], in: Ders./Gianni Vattimo: Die Zukunft der Religion. Frankfurt am Main 2006, 33–47.

Rosenberg, Jay F.: Reassessing Immortality. The Makropulos Case Revisited, in: Kris McDaniel/Jason R. Raibley/Richard Feldman (Hrsg.): The Good, the Right, Life, and Death. Aldershot 2005, 220–240.

Rosenkranz, Sven: Agnosticism as a Third Stance, in: Mind 116 (2007) 55–104.

Ruloff, Colin/Horban, Peter (Hrsg.): Contemporary Arguments in Natural Theology: God and Rational Belief. London u. a. 2021.

Russell, Bertrand: Is there a God? [1952], in: Ders.: The Collected Papers, hrsg. John G. Slater/Peter Köllner, Bd. 11. London/New York 1997, 542–548.

–: Am I an Atheist or an Agnostic? [1949], ebd., Bd. 11, 89–92.

–: Letter to Mr Major (1958), in: Dear Bertrand Russell … A Selection of His Correspondence with the General Public, 1950–1968, hrsg. Barry Feinberg. Boston 1969, 41 f.

Schellenberg, John L.: Divine Hiddenness and Human Reason [1993]. Ithaca/London 2006.

–: Divine Hiddenness, in: Taliaferro/Draper/Quinn: A Companion to Philosophy of Religion [s.d.], 509–518.

–: The Will to Imagine. A Justification of Skeptical Religion. Ithaca 2009.

–: God for All Time: from Theism to Ultimism, in: Buckareff/Nagasawa: Alternative Concepts of God [s.d.], 164–177.

–: Divine Hiddenness and Human Philosophy, in: Green/Stump (Hrsg.): Hidden Divinity [s.d.], 13–32.

–: Göttliche Verborgenheit und menschliche Philosophie, in: Gasser/Kreiner/Weidner (Hrsg.): Verborgenheit Gottes [s. d.], 97–124.

Schmidt-Leukel, Perry: Gott ohne Grenzen. Eine christliche und pluralistische Theologie der Religionen. Gütersloh 2005.

Schneewind, Jerome: The Invention of Autonomy. A History of Modern Moral Philosophy. Cambridge 1998.

Schnepf, Robert: »Du musst nur die Laufrichtung ändern«. Bemerkungen anlässlich Winfried Schröders ›Atheismus. Fünf Einwände und eine Frage‹, in: Methodus 10 (2021) 110–145.

Scholz, Heinrich: Die Hauptschriften zum Pantheismusstreit zwischen Jacobi und Mendelssohn. Berlin 1916.

Scholz, Oliver R.: Verstehen und Rationalität. Frankfurt am Main 1999.

Schotte, Dietrich: Die Entmachtung Gottes durch den Leviathan. Thomas Hobbes über Religion. Stuttgart-Bad Cannstatt 2013.

Schröder, Winfried: Pantheismus, in: Joachim Ritter/Karlfried Gründer/Gottfried Gabriel (Hrsg.): Historisches Wörterbuch der Philosophie, Bd. 7. Basel 1989, 59–63.

–: Religion/Theologie, natürliche/vernünftige, ebd., Bd. 8 (1992), 713–727.

–: Ursprünge des Atheismus [1998]. ²Stuttgart-Bad Cannstatt 2012.

–: From Doubt to Rejection: the Impact of Ancient Pyrrhonism on the Emergence of Early Modern Atheism, in: Gianni Paganini u.a. (Hrsg.): Scepticism, Clandestinity and Free-Thinking. Paris 2002, 67–77.

–: Moralischer Nihilismus. Radikale Moralkritik von den Sophisten bis Nietzsche. Stuttgart-Bad Cannstatt 2002 [²Stuttgart 2005].

–: Philosophischer Standpunkt oder antiklerikale Kampfansage? Zur Typologie des frühen Atheismus, in: Jean Mondot (Hrsg.): Les Lumières et leur combat. Berlin 2004, 15–28.

–: ›Hydra multiceps‹ ou ›negatio existentiae dei‹? Garasse, Voetius et le concept d'athéisme, in: Pierre Lurbe/Sylvie Taussig (Hrsg.): La question de l'athéisme au dix-septième siècle. Turnhout 2004, 31–45.

–: Critique de la métaphysique et fabrication de la modernité, in: Catherine Secretan/Tristan Dagron/Laurent Bove (Hrsg.): Qu'est-ce que les Lumières »radicales«? Libertinage, athéisme et spinozisme dans le tournant philosophique de l'âge classique. Paris 2007, 277–287.

–: ›Deus sive natura‹. Pantheism and Atheism in the Enlightenment, in: Giancarlo Carabelli/Paola Zanardi (Hrsg.): Pan tra i filosofi. Saggi sul panteismo da Spinoza alla New Age. Padua 2008, 125–137.

–: ›Wenn Gott nicht existierte, wäre alles erlaubt‹. Anmerkungen zur religiösen Begründung der Moral, in: Konrad Paul Liessmann (Hrsg.): Die Gretchenfrage »Nun sag', wie hast du's mit der Religion?«. Wien 2008, 149–166.

–: Deus sive natura: Über Spinozas sogenannten ›Pantheismus‹, in: Deutsche Zeitschrift für Philosophie 57 (2009) 471–480.

–: Der Deismus in der Philosophie der Neuzeit, in: Ders. (Hrsg.): Gestalten des Deismus in Europa. Wiesbaden 2013, 7–28.

–: Athen und Jerusalem. Die philosophische Kritik am Christentum in Antike und Neuzeit [2011]. ²Stuttgart-Bad Cannstatt 2013.

–: Das ›a‹ im Atheismus, in: Edith Franke (Hrsg.): Religiöse Minderheiten und gesellschaftlicher Wandel. Wiesbaden 2014, 187–194.
–: Tolerantia – libertas religionis – cura religionis, in: Sascha Salatowsky/Ders. (Hrsg.): Duldung religiöser Vielfalt – Sorge um die wahre Religion. Toleranzdebatten in der Frühen Neuzeit. Wiesbaden 2016, 13–22.
–: Panthéisme – spinozisme – matérialisme athée. La métaphysique du Traité des trois imposteurs, in: La lettre clandestine 24 (2016) 133–140.
Schwager, Raymund (Hrsg.): Christus allein? Der Streit um die pluralistische Religionstheologie. Freiburg 1996.
Scriven, Michael: Primary Philosophy. New York 1966.
–: God and Reason, in: Angeles (Hrsg.): Critiques of God [s.d.], 95–113.
Seckel, Al (Hrsg.): Bertrand Russell on God and Religion. Buffalo 1986.
Seewald, Michael: Reform. Dieselbe Kirche anders denken. Freiburg/Basel/Wien 2019.
Seidengart, Jean: L'infinitisme panthéiste de John Toland et ses relations avec la pensée de Giordano Bruno, in: Revue de synthèse 116 (1995) 315–343.
Sell, Alan P.F.: Mill on God. The Pervasiveness and Elusiveness of Mill's Religious Thought. Aldershot 2004.
Sennett, James F.: Is there Freedom in Heaven?, in: Faith and Philosophy 16 (1999) 69–82.
Seymour, Charles: A Theodicy of Hell. Dordrecht 2000.
Shook, John R.: The God Debates. A 21st Century Guide for Atheists and Believers. New York 2011.
Sinnott-Armstrong, Walter: Overcoming Christianity, in: Antony: Philosophers without Gods [s.d.], 69–79.
–: The Argument from Ignorance, in: Craig/Ders.: God? [s.d.], 100–104 (auch in Martin/Monnier: The Improbability of God [s.d.], 380–384).
Sober, Elliott: Fine Tuning Is not Evidence that God Exists, in: Peterson/VanArragon: Contemporary Debates [s.d.], 37–47.
Spaemann, Robert: Personen. ²Stuttgart 1998.
–: Religion und »Tatsachenwahrheit«, in: Ders.: Das unsterbliche Gerücht. Stuttgart 2007, 166–184.
Spiegel, James S.: Hell and Divine Goodness. A Philosophical-Theological Inquiry. Eugene 2019.
Spiekermann, Björn: Der Gottlose. Geschichte eines Feindbilds in der Frühen Neuzeit. Frankfurt am Main 2020.
Sprigge, Timothy L.S.: Pantheism, in: The Monist 80 (1997) 191–217.
–: The God of Metaphysics. Oxford 2006.

Steinhart, Eric Charles: Atheistic Platonism. A Manifesto. Cham 2023.
Swinburne, Richard: The Coherence of Theism. Oxford 1977.
–: A Theodicy of Heaven and Hell, in: Alfred J. Freddoso (Hrsg.): The Existence and Nature of God. Notre Dame 1983, 37–54.
–: The Existence of God. Oxford 1979; deutsch: Die Existenz Gottes. Stuttgart 1987.
–: Revelation. Oxford 1991.
–: Is there a God? Oxford 1996.
–: The Argument to God from Fine Tuning Reassessed, in: Manson: God and Design [s.d.], 105–123.
Talbott, Thomas: Craig on the Possibility of Eternal Damnation, in: Religious Studies 28 (1992) 495–510.
Taliaferro, Charles/Draper, Paul/Quinn, Philip L. (Hrsg.): A Companion to Philosophy of Religion. 2London 2010.
–/ Meister, Chad (Hrsg.): Contemporary Philosophical Theology. London 2016.
Taylor, Charles: A Secular Age. Cambridge, Mass./London 2007.
Tetens, Holm: Gott denken. Ein Versuch über rationale Theologie. Stuttgart 2015.
–: Kann es ein gutes Leben ohne Hoffnung auf Erlösung geben? Rehabilitation eines kantischen Arguments, in: Stephan Herzberg/ Heinrich Watzka (Hrsg.): Transzendenzlos glücklich? Münster 2016, 97–110.
–: Glaube nach Wunsch und Wille? Vier Thesen zur Erkenntnistheorie und Moral konträrer metaphysischer Weltsichten, in: Jaster/ Schulte: Glaube und Rationalität [s.d.], 151–162.
Theunissen, Michael: Philosophie der Religion oder religiöse Philosophie?, in: Information Philosophie (2003) 7–14.
Thrower, James: Western Atheism. A Short History. Amherst 2000.
Tillich, Paul: Dynamics of Faith. New York 1958.
Timm, Hermann: Gott und die Freiheit. Studien zur Religionsphilosophie der Goethezeit. Frankfurt am Main 1974.
Tomlins, Steven/Bullivant, Spencer C. (Hrsg.): The Atheist Bus Campaign. Leiden/Boston 2017.
Tooley, Michael: Does God Exist?, in: Alvin Plantinga / Ders.: Knowledge of God. Malden u.a. 2008, 70-150.
Tugendhat, Ernst: Unsere Angst vor dem Tod, in: Ders.: Anthropologie statt Metaphysik. München 2007, 159–175.
Tully, Robert E.: Russell's Neutral Monism, in: Nicholas Griffin (Hrsg.): The Cambridge Companion to Bertrand Russell. Cambridge 2003, 332–370.

Vanhoutte, Kristof/McCraw, Benjamin W. (Hrsg.): Purgatory. Philosophical Dimensions. Cham 2017.

Vlastos, Gregory: Theology and Philosophy in Early Greek Thought, in: The Philosophical Quarterly 2 (1952) 97–123.

Wagner, Hans: Religionsbriefe, hrsg. Reinhold Aschenberg. Würzburg 2011.

Walls, Jerry L.: Eternal Hell and the Christian Concept of God, in: Peterson/VanArragon: Contemporary Debates [s.d.], 369–378.

–: Heaven and Hell, in: Thomas P. Flint/Michael Rea (Hrsg.): The Oxford Handbook of Philosophical Theology. Oxford 2009, 491–511.

– (Hrsg.): The Oxford Handbook of Eschatology. Oxford 2010.

Walters, Kerry: Atheism. A Guide for the Perplexed. New York/London 2010.

Walton, Douglas N.: Nonfallacious Arguments from Ignorance, in: American Philosophical Quarterly 29 (1992) 381–387.

–: Informal Logic. Cambridge 1993.

–: Arguments from Ignorance. University Park 1996.

Weidemann, Christian: Die Unverzichtbarkeit natürlicher Theologie. Freiburg 2007.

–: Christian Soteriology and Extraterrestrial Intelligence, in: Journal of the British Interplanetary Society 67 (2014) 418–425.

–: Did Jesus Die for Klingons too? in: Paul Levinson/Michael Waltemathe (Hrsg.): Touching the Face of the Cosmos. New York 2016, 119–129.

–: »Dinge, die unwahrscheinlich sind, passieren einfach«. Ansgar Beckermann über kosmische Feinabstimmung, teleologische Argumente und die Erklärungsbedürftigkeit eines lebensfreundlichen Universums, in: Jaster/Schulte: Glaube und Rationalität [s.d.], 161–189.

Weidner, Veronika (Hrsg.): Examining Schellenberg's Hiddenness Argument. Cham 2018.

Weinberg, Steven: Living in the Multiverse, in: Carr: Universe or Multiverse? [s.d.], 29–42.

Williams, Bernard: Die Sache Makropulos. Reflexionen über die Langeweile der Unsterblichkeit, in: Ders.: Probleme des Selbst [1973]. Stuttgart 1978, 133–162.

–: Ethik und die Grenzen der Philosophie [1985]. Hamburg 1999.

Wolf, Jean-Claude: Pantheismus nach der Aufklärung. Religion zwischen Häresie und Poesie. Freiburg 2013.

NAMENREGISTER